오정현 다락방 시리즈 15

소 그 룹 성 경 공 부 교 재

스 가 랴

그리스도로
살아나다

열정의 비전 메이커 오정현 목사는
'한 사람을 그리스도 안에서 온전한 제자로 세우는 제자훈련'을 목회철학으로 삼고
'제자훈련의 국제화'와 '피 흘림이 없는 복음적 평화통일',
그리고 '통일세대를 위한 신앙인재 양성'을 위해 쉬지 않고 달려가고 있다.
현재 사랑의교회 담임목사이다.

※ 각 과에 있는 큐알 코드를 스캔하시면 〈3분 미라클〉을 보실 수 있습니다.

오정현 다락방 시리즈 15

소 그 룹 성 경 공 부 교 재

스 가 랴

그리스도로
살아나다

국제제자훈련원

소그룹 성경 공부
교재 사용에 대하여

제자훈련의 열매는 훈련된 평신도 지도자들이 사역하는 소그룹(구역, 다락방, 셀, 목장)이라 할 수 있다. 소그룹이란 성도 간에 아름다운 사랑의 교제를 나누며, 말씀 안에서 영적으로 성숙해가도록 서로 돕고, 믿지 않는 사람들을 초청하여 복음을 나누는 작은 단위의 공동체이다. 소그룹은 하나님의 말씀에 기초한다. 그러므로 각자의 삶을 드러낼 수 있도록 돕고, 변화되어야 할 삶의 목표를 분명하게 제시할 수 있는 좋은 교재가 마련되면 소그룹을 운영하는 데큰 도움을 얻는다. 그러나 분주한 목회자의 입장에서는 직접 교재를 만든다는 것이 그리 쉬운 일이 아니다. 이런 어려움을 해결할 수 있도록 돕기 위해 마련된 것이 '오정현 다락방 시리즈'이다.

본 시리즈를 사용하는 데 있어 다음 몇 가지를 참고하기 바란다.

1 이 교재는 소그룹에서 귀납적인 방법으로 성경을 공부하기 위해 만든 것이다. 즉, 성경의 가르침을 일방적으로 주입하는 대신 충분한 토의를 통해 구성원들의 생각을 먼저 정리하고 그것을 성경의 가르침과 비교하도록 구성되어 있다. 결코 정답 베껴 쓰기식의 공부가 되지 않도록 해야 한다. 서툴더라도 자기 인식과 활발한 토의 참여로 생생한 결론이 나올 수 있도록 해야 한다. 따라서 지도자는 소그룹 환경에서 귀납적 방법으로 성경을 공부하는 것이 무엇인지를 반드시 먼저 배워야 한다.

2 이 교재는 교역자가 매주 소그룹 지도자들을 먼저 예습시킨 다음 사용하게 해야 바람직한 효과를 기대할 수 있다. 소그룹 지도자가 공부할 내용을 충분히 이해해야 한다. 그냥 교재만 던져주고 마음대로 사용하게 하는 것은 좋지 않다.

3 소그룹에 참석하는 구성원은 반드시 예습을 해오도록 권장한다.

4 한 과를 공부하는 데에는 한 시간 이상이 필요하다. 그러므로 각 문제에 따라 답만 찾아보고 넘어가야 할 것과 충분한 토의를 통해 진지하게 적용할 것을 잘 구별해서 진행한다.

인생의 무거운 짐으로 신음하는 삶이
언제라도 그리스도로 다시 일어서는 새 힘을 얻기를 소원하며

스가랴서는 제게 숨겨둔 보석과 같은 성경입니다. 모든 성경이 특별하고 귀하지만, 스가랴서는 신학교 시절에 지금은 고인이 된 찰스 파인버그 (Charles Feinberg) 교수의 수업을 들으면서 말씀의 찬란한 영광에 가슴이 뛰었고, 감당할 수 없는 은혜의 물줄기로 저의 영혼을 한없이 적셨던 성경입니다. 그때부터 언젠가는 강단에서 이 놀라운 말씀의 축복을 성도들과 함께 나누는 꿈을 가졌습니다. 그리고 코로나의 어려운 상황이 절정에 이르렀던 시기에, 그러나 하나님께서 준비하신 은혜의 때에 사랑하는 성도들과 말씀을 함께 하는 기쁨을 누리게 된 것은 감사요 감격이었습니다.

스가랴서를 강해한다는 것은 영광이고 특권이지만 한편으로는 거룩한 부담이었습니다. 신앙의 연조가 길어도 적지 않은 분들이 스가랴서가 어디에 위치하는지 헤매는 낯설고 익숙하지 않은 성경이 스가랴서이기 때문입니다. 한편으로 스가랴서가 강단에서 쉽게 들리지 않는 이유는 구약의 계시록이라고 부를 정도로 계시와 환상이 가득하여 선뜻 다가가기 쉽지 않기 때문입니다. 그럼에도 스가랴서 강해는 저와 성도들에게 캄캄한 시대를 비추는 시의적절한 말씀의 빛이었습니다.

16년간 멈췄던 예루살렘 성전 재건을 격려하며 마침내 모든 대적과 문제로부터 승리하리라는 스가랴서의 말씀은, 코로나 팬데믹으로 인해 모든 것이 멈춘 듯한 시기를 지나는 성도들에게 다시 시작할 수 있는 힘이 되었습니다. '회복은 하나님께로 돌아감에서 시작된다'는 말씀은 예상치 못한 역사의 불청객으로 불안한 성도들에게 신앙의 기본기를 확고히 다지게 하였고, '열방이 주께로 돌아오리라'는 부흥의 말씀은 우리의 가슴을 사명으로 펄떡이게 했습니다. 스가랴서 말씀 한 절 한 절을 마음에 새기는 가운데, 우리의 시선은 잠시 지나는 현재의 어려움에서 영원한 영광을 바라보게 되었고, '천하의 왕으로 귀환'하실 주님을 기대함으로 영광스러운 미래를 현재로 당겨와 초월적 감사를 드리는 영적 기백을 갖게 되었습니다.

예수 그리스도의 초림부터 재림에 이르기까지의 예언이 환상과 계시로 녹아있는 스가랴서 말씀을 풀어내는 것은 진액을 쏟는 일이었지만, 매 주일 강단에서 말씀을 나눌 때 받은 은혜를 손으로 짚어가며 교재를 만들었습니다. 문제를 푸는 순원들과 순장들에게 주일 강단에 부어주셨던 성령의 기름 부으심이 다락방에서도 재현되기를 간절히 바랍니다.

다락방은 우리를 새롭게 하시는 하나님 말씀의 강수에서 몸을 깊이 적시는 살아있는 현장입니다. 이 교재를 가지고 말씀을 풀고 삶을 나누는 모든 다락방마다 영적인 유무상통의 은혜가 충만하여, 세상에서는 결코 누릴 수 없는 기쁨과 변화를 자신의 것으로 체화하는 고백이 풍성하기를 소원합니다.

아무쪼록 매주 다락방마다 말씀에 대한 설렘으로 문제를 푸는 가운데, 험한 인생길에서 찢긴 상처에 새살이 돋고, 세상살이의 무거운 짐으로 신음하는 삶이 새 힘을 얻는 축복의 시간이 되기를 기도합니다.

사랑의교회 담임목사 오정현

회복의 플랫폼

스가랴 1:1-6

1 다리오 왕 제이년 여덟째 달에 여호와의 말씀이 잇도의 손자 베레갸의 아들 선
지자 스가랴에게 임하니라 이르시되

2 여호와가 너희의 조상들에게 심히 진노하였느니라

3 그러므로 너는 그들에게 말하기를 만군의 여호와께서 이처럼 이르시되 너희는
내게로 돌아오라 만군의 여호와의 말이니라 그리하면 내가 너희에게로 돌아가
리라 만군의 여호와의 말이니라

4 너희 조상들을 본받지 말라 옛적 선지자들이 그들에게 외쳐 이르되 만군의 여
호와께서 이같이 말씀하시기를 너희가 악한 길, 악한 행위를 떠나서 돌아오라
하셨다 하나 그들이 듣지 아니하고 내게 귀를 기울이지 아니하였느니라 여호
와의 말이니라

5 너희 조상들이 어디 있느냐 또 선지자들이 영원히 살겠느냐

6 내가 나의 종 선지자들에게 명령한 내 말과 내 법도들이 어찌 너희 조상들에게
임하지 아니하였느냐 그러므로 그들이 돌이켜 이르기를 만군의 여호와께서 우
리 길대로, 우리 행위대로 우리에게 행하시려고 뜻하신 것을 우리에게 행하셨
도다 하였느니라

마음의 문을 열며

회복은 이 땅에 태어난 모든 인생의 태생적 주제입니다. 상처없이 고통없이 이 땅을 떠나는 사람은 없기 때문입니다. 또한 회복은 하나님의 최대 관심사이기도 합니다. 주님이 이 땅에 오신 것도, 또한 다시 오실 것도 모두 피조물의 온전한 회복을 위해서이기 때문입니다.

그러면 어떻게 해야 회복할 수 있을까요? 신앙인의 회복은 의지와 노력의 산물이 아니라 은혜의 결과입니다. 이것이 중요한 이유는 은혜라는 회복의 첫 단추가 제대로 채워져야 온전한 회복으로 올라갈 수 있기 때문입니다.

스가랴서는 하나님이 원하시는 회복, 성도가 체득해야 할 참된 회복의 플랫폼을 제시하고 있습니다. 말씀 속에서 우리의 회복이 단지 이전의 좋았던 상태로 돌아가는 것이 아니라, 하나님께서 소원하시는 회복, 나와 가족 그리고 이웃을 살게 하는 참된 회복의 동력을 경험하는 시간이 되기를 바랍니다.

말씀의 씨를 뿌리며

1 스가랴서의 주제는 회복입니다. 세상의 회복은 자기반성에서 시작되지만, 그리스도인의 참된 회복은 예수님께로 돌아서는 회개에서 시작됩니다. 다음의 구절 속에서 이 사실을 뒷받침하는 공통된 어구를 찾아보고, 그리스도인의 회개가 세상의 그것과 다른 이유를 말해보세요.

- 3-4절

. . . .

. . . .

- 렘 3:12-13

. . . .

. . . .

- 살전 1:9

. . . .

. . . .

2 그리스도인의 회개는 자신이 아닌 오직 그리스도로부터 출발해야 합니다. 신앙인의 삶은 세상의 연표가 아니라 그리스도를 중심으로 하는 연표로 시작됩니다. 신앙인이 세상의 연표가 아닌 그리스도의 연표를 생각하고 여기에 맞춰 살아야 하는 이유는 무엇입니까?

- 1절

- 마 1:1

- 빌 3:7-8

3 성도가 그리스도의 연표를 생각하며 그 연표에 맞춰 산다는 것은 우리의 삶을 '주후'(主後)의 관점에서 바라보고 사는 것입니다. 또한 우리가 삶의 기준으로 주후의 연표를 쓴다는 것은 하나님을 삶의 모든 영역에서 '만군의 여호와'로 부르며 산다는 것을 뜻합니다. 이것이 '우주 속에 단 한 평도 하나님의 통치와 주권에서 벗어나는 곳은 없다'라는 '영역주권'의 관점과 어떻게 연결되는지 말해보세요.

- 5-6절

- 시 103:19

- 롬 14:8

4 다음의 글을 읽고 성도가 그리스도의 연표로 산다는 것이 무슨 의미인지 묵상해보세요.

> 세상의 연표는 우리에게 "당신은 죽기 위해서 태어났다"라고 말합니다. 그러나 하나님의 연표는 우리에게 "당신은 영원한 삶을 위해서 태어났다"라고 말합니다. 세상의 연표는 우리에게 묘비에 적힌 두 줄 사이의 짧은 인생(몇 년에 태어나서 몇 년에 죽음)이라고 말하지만, 하나님의 연표는 우리에게 하나님의 생명책에 기록되는 존재라고 말합니다(빌 4:3, 계 21:27). 세상의 연표는 우리에게 "지나가는 시간을 붙잡고 즐기라"고 말하지만, 하나님의 연표는 우리에게 "주어진 소명을 붙잡고 사명의 즐거움으로 살라"고 말합니다.
>
> 세상의 연표(역사)는 우리에게 이 세상을 얼마나 즐기는가에 초점을 맞추게 합니다. 그러나 하나님의 연표는 이 땅에서 맡겨진 시간을 하나님의 동역자로서 가장 값지고 의미 있게 살아가는 데 초점을 맞추게 합니다. 세상의 연표로 사는 사람은 결국 죽음을 향해 달려가는 시간의 노예라는 위치에서 벗어날 길이 없습니다. 그러나 하나님의 연표로 살아가는 사람은 하루하루 하나님을 향해 걸어가면서 하나님의 영원한 시간대 속에서 살아갈 수 있습니다.

5 참된 회복은 진정한 회개로부터 시작합니다. 그리고 진정한 회개는 예수 그리스도를 내 삶의 전 영역에서 주인으로 모시지 않은 것, 예수 그리스도가 내 삶의 전 영역을 지배하시도록 내어드리지 못한 것에 대한 회개에서 비롯됩니다. 당신의 삶에서 예수님이 주인 되시지 않는 영역은 무엇이며, 예수님의 통치를 방해하는 것은 무엇인지 찾아보고, 어떻게 하면 주님의 전적 통치를 받는 인생이 될 수 있는지 당신의 결심을 말해보세요.

삶의 열매를 거두며

우주 속의 단 한 평도 하나님의 통치와 주권을 벗어나는 곳은 없습니다. 하나님의 영역주권과 통치에 관해서는 어떤 이분법적인 논리도 적용할 수 없습니다. "내 삶의 99퍼센트는 하나님의 영역이지만, 1퍼센트는 내 영역이다"는 말은 내 삶의 연표를 주후(主後)로 쓰는 사람에게는 통할 수 없습니다. 그럼에도 죄성을 가진 우리는 "내가 원하는 바 선은 행하지 아니하고 도리어 원하지 아니하는 바 악을 행하는"(롬 7:19) 연약함을 가지고 있습니다. "오, 성령님이여! 우리의 연약함을 굽어보시고 이제는 삶의 내밀한 영역까지 온전히 의탁할 수 있도록 우리를 도우소서"라고 기도 드립시다.

Lesson 2

질투하시는 하나님

스가랴 1:7-17

7 다리오 왕 제이년 열한째 달 곧 스밧월 이십사일에 잇도의 손자 베레갸의 아들 선지자 스가랴에게 여호와의 말씀이 임하니라

8 내가 밤에 보니 한 사람이 붉은 말을 타고 골짜기 속 화석류나무 사이에 섰고 그 뒤에는 붉은 말과 자줏빛 말과 백마가 있기로

9 내가 말하되 내 주여 이들이 무엇이니이까 하니 내게 말하는 천사가 내게 이르되 이들이 무엇인지 내가 네게 보이리라 하니

10 화석류나무 사이에 선 자가 대답하여 이르되 이는 여호와께서 땅에 두루 다니라고 보내신 자들이니라

11 그들이 화석류나무 사이에 선 여호와의 천사에게 말하되 우리가 땅에 두루 다녀 보니 온 땅이 평안하고 조용하더이다 하더라

12 여호와의 천사가 대답하여 이르되 만군의 여호와여 여호와께서 언제까지 예루살렘과 유다 성읍들을 불쌍히 여기지 아니하시려 하나이까 이를 노하신 지 칠십 년이 되었나이다 하매

13 여호와께서 내게 말하는 천사에게 선한 말씀, 위로하는 말씀으로 대답하시더라

14 내게 말하는 천사가 내게 이르되 너는 외쳐 이르기를 만군의 여호와의 말씀에 내가 예루살렘을 위하며 시온을 위하여 크게 질투하며

15 안일한 여러 나라들 때문에 심히 진노하나니 나는 조금 노하였거늘 그들은 힘을 내어 고난을 더하였음이라

16 그러므로 여호와가 이처럼 말하노라 내가 불쌍히 여기므로 예루살렘에 돌아왔은즉 내 집이 그 가운데에 건축되리니 예루살렘 위에 먹줄이 쳐지리라 만군의 여호와의 말이니라

17 그가 다시 외쳐 이르기를 만군의 여호와의 말씀에 나의 성읍들이 넘치도록 다시 풍부할 것이라 여호와가 다시 시온을 위로하며 다시 예루살렘을 택하리라 하라 하니라

마음의 문을 열며

성경을 읽다가 쉽게 지나가기 어려운 구절이 있습니다. "네 하나님 여호와는 질투하는 하나님"이라는 말씀입니다. 창조주 하나님께서 피조물인 인생을 위해서 질투하신다는 것은 이해하기 어렵습니다. 위대하고 전능하신 하나님께서 어떻게 한낱 피조물을 위해서 질투하실까요?

그러나 그리스도인은 이 구절을 읽고, 묵상할 때마다 가슴이 뛰어야 합니다. 하나님의 질투는 우리를 향한 하나님의 주체할 수 없는 사랑에서 비롯되기 때문입니다. 하나님께서 우리를 위해 질투하시는 이유는 우리를 위해 모든 것을 쏟아 부으셨기 때문입니다. 당신의 삶에서 하나님의 사랑이 과소평가되고 있지는 않습니까!

오늘 말씀 속에서 "아, 나 같은 자를 하나님께서 이처럼 사랑하시다니"와 같은 고백이 신앙적 수사(修辭)가 아닌 마음의 참된 고백이 되는 시간 되기를 바랍니다.

말씀의 씨를 뿌리며

1 스가랴가 밤에 본 환상은 무엇입니까?

- 8절

2 성경에서 붉은 색은 심판과 복수를, 말은 전쟁을, 백마는 승리를, 골짜기는 고난과 초라함을 상징합니다. 또한 붉은 말을 타고 골짜기에 있는 화석류나무 사이에 서 있는 자는 예수 그리스도를 뜻합니다. 그렇다면 스가랴가 본 8절의 환상이 12절의 말씀과 연결하여 어떤 의미를 가지는지 말해보세요.(참고. 합 3:6)

- 12절

3 스가랴가 본 환상은 이스라엘 역사의 새로운 시작을 보여주고 있습니다. 이러한 이스라엘 역사의 새로운 시작은 그의 백성을 위한 하나님의 질투에서 비롯됩니다. 다음 구절들을 읽고, 우리를 위해 질투할 정도로 보호하고 인도하시며, 살피시는 하나님의 거룩한 독점적 사랑을 당신의 말로 이야기해보세요.

- 13–15절

- 신 4:23

- 약 4:5

----

4 다음 글을 읽고 하나님께서 한낱 피조물인 당신을 위하여 그토록 질투하시는 이유를 묵상해보세요.

> 하나님께서 질투하시는 이유는 무엇입니까? 우리와 하나님과의 관계 때문입니다. 하나님은 우리와 하나님의 관계에 방해가 되는 것은 무엇이든지 반대하십니다. R. T. 켄달 목사님은 하나님의 질투가 어떻게 우리를 보호하는지 이렇게 말했습니다. "하나님의 질투는 우리가 삶에서 가장 좋은 것을 놓치지 않게 하며, 스스로를 망치지 않도록 도와주는 안전장치와 같은 것이다." 그러므로 하나님의 질투는 우리를 위한 것입니다.
>
> 하나님께서 질투하시는 이유는 우리를 위해 모든 것을 쏟아 부었기 때문입니다. 성경에서 하나님의 질투를 한마디로 표현한 구절이 고린도전서 6:19-20입니다. "…너희는 너희 자신의 것이 아니라 값으로 산 것이 되었으니…" 하나님은 독생자를 십자가에서 죽게 하시고 우리를 그 값으로 사신 것입니다. 그러므로 하나님은 질투 때문에 죽으실 정도로 우리를 사랑하시는 분이십니다.

5 하나님을 떠남으로 인해 훼파되었던 이스라엘의 역사를 다시 시작하게 한 것은 하나님의 넘치는 사랑에서 비롯된 질투였습니다. 이스라엘을 대적하는 모든 악한 세력을 소멸하는 하나님의 질투로 인하여(습 3:8) 이스라엘은 돌아오고 회복되며, 재건되고 있습니다. 당신의 삶에서도 하나님의 질투가 당신을 죄에서 돌이키고 상처에서 회복시키며, 다시 영적으로 칠전팔기하도록 영향을 미치고 있습니까? 그렇지 않다면 그 이유는 무엇인지 나눠보세요.

· 16-17절

· 시 139:17-18

삶의 열매를 거두며

지금 당신은 당신을 위한 하나님의 질투를 느끼며 살고 있습니까? 하나님의 질투가 당신의 삶에 영향을 미치지 못한다면, 신앙적으로 병에 걸려 있기 때문입니다. 하나님의 마음은 우리를 위한 생각으로 가득 차 있습니다. 이런 이유로 우리의 마음이 하나님 아닌 다른 것을 향해 있다면 하나님은 견딜 수 없이 질투하십니다. 그럼에도 우리의 마음은 여전히 세상을 향하고 있기에 성령님은 시기할 정도로 우리의 마음을 연모하고 있습니다(약 4:5). 우리가 하나님의 거룩한 질투에 부끄럽지 않은 사랑을 드릴 수 있도록 성령님의 도우심을 간절히 구하는 기도를 드립시다.

이 땅에서 하나님의 대장장이로 사는 법

스가랴 1:18-21

18 내가 눈을 들어 본즉 네 개의 뿔이 보이기로

19 이에 내게 말하는 천사에게 묻되 이들이 무엇이니이까 하니 내게 대답하되 이들은 유다와 이스라엘과 예루살렘을 흩뜨린 뿔이니라

20 그 때에 여호와께서 대장장이 네 명을 내게 보이시기로

21 내가 말하되 그들이 무엇하러 왔나이까 하니 대답하여 이르시되 그 뿔들이 유다를 흩뜨려서 사람들이 능히 머리를 들지 못하게 하니 이 대장장이들이 와서 그것들을 두렵게 하고 이전의 뿔들을 들어 유다 땅을 흩뜨린 여러 나라의 뿔들을 떨어뜨리려 하느니라 하시더라

마음의 문을 열며

"역사의 주인은 하나님이시다." 이것은 그리스도인이 평생 붙들어야 할 인생 깃발입니다. 그렇다면 하나님은 어떻게 하나님의 역사를 이루십니까? 적지 않은 그리스도인이 여기에서 괴리를 느끼고 있습니다.

하나님께서 역사를 창조하시고 역사를 이루시는 것은 의심없이 믿지만, 그 역사를 어떻게 새롭게 하시는지에 대해서는 '창조주 하나님이시니까 하나님의 뜻대로 이루시겠지' 하는 수동적 생각에 갇혀 있지는 않습니까? 그러나 모든 그리스도인은 하나님 역사의 방관자로서 존재할 수 없습니다.

하나님은 헌신된 능숙한 일꾼을 통해서 그의 역사를 만들어 나가십니다. 오늘 말씀 속에서 신앙인의 역사의식을 일깨우고, 나 자신이 하나님의 능숙한 일꾼이 되어 하나님의 역사를 집필하는 도구로서 쓰임받는 갈망에 눈을 뜨는 시간이 되기를 바랍니다.

말씀의 씨를 뿌리며

1 스가랴가 눈을 들어 본 것은 무엇이며, 하나님께서 스가랴에게 보이신 것은 무엇입니까?

- 18절

- 20절

2 세상은 네 뿔의 권력자를 주목하고, 역사는 이들을 통해서 쓰여진다고 여깁니다. 그러나 하나님은 헌신된 순박한 숙련공인 네 대장장이를 통해서 일하시며, 이들을 통해서 하나님의 역사를 이루십니다. 다음 구절을 통해서 이 사실을 확인해보세요.

- 21절

- 출 35:30-35

3 네 개의 뿔이 이스라엘 백성들을 흩뜨려서 사람들의 머리를 들지 못하게 할 때, 대장장이들이 와서 이 뿔들을 떨어뜨리는 환상은 하나님이 그의 백성을 대적하는 자들을 대적하신다는 것을 보여주고 있습니다(21절). 하나님이 우리의 대적을 대적하실 때, 성도인 우리는 무엇을 해야 합니까?

· 시 109:4

· 빌 1:28

· 딛 2:7-8

· 딤후 2:24

4 다음 글을 읽고 그리스도인이 세상에서 숙련된 일꾼으로서 하나님의 역사를 집필하는 데 동참하기 위해 가져야 할 자질에 대해 묵상해보세요.

일터사역국제연합 ICWM(International Coalition of Workplace Ministries)의 대표인 오스 힐먼(Os Hillman)이 기독교 신앙으로 일터를 변화시키고 있는 그리스도인들을 관찰하면서 그들이 가지고 있는 네 가지 중요한 자질을 정리했습니다.

첫째는 탁월한 업무능력입니다. 출애굽기를 보면 하나님의 성막을 세울 때, 하나님께 쓰임받은 사람으로 브살렐을 직접 부르셨습니다. 그는 지혜와 총명과 지식과 여러가지 재능을 가졌던 사람이었습니다(출 35:30-33). 다니엘과 세 친구들도 일 처리 능력이 탁월했습니다(단 1:19-20). 특히 다니엘은 마음이 민첩하고 모든 이들보다 뛰어났습니다.

둘째는 순전한 인격입니다. 갤럽의 조사에 의하면 직장 내의 윤리 의식에서 기독교인과 비기독교인 사이에 큰 차이를 보이지 않는다는 보고가 있습니다. 기독교인이 직장에서 영향력을 끼치지 못하는 이유입니다. 열왕기하 5장에 엘리사의 사환 게하시의 이야기가 나옵니다. 엘리사는 아람 왕의 군대 장관이었던 나아만의 나병을 고쳐 주고도 아무런 보상을 요구하지 않았습니다. 그의 사환이었던 게하시는 도무지 이것을 이해할 수 없었습니다. 그래서 엘리사 몰래 나아만을 쫓아가 대가를 요구하다가 오히려 하나님의 벌을 받았습니다. 성경에서 이 사실을 자세하게 기록한 이유가 무엇이겠습니까? 신앙인의 순전한 인격에 대해 교훈하시고자 함이 아닐까요?

셋째는 세상적인 수준을 뛰어넘는 사랑과 섬김입니다. 사람들은 동료가 얼마나 많은 지식을 가지고 있느냐보다 얼마나 진실한 마음을 가지고 있느냐에 더 주목하는 법입니다.

넷째는 하나님께서 함께하신다는 표적입니다. 믿지 않는 사람들의 입에서 "당신에게는 우리와는 다른 뭔가가 있다"라고 말하는 경우가 있습니다. 그들은 그 다른 뭔가가 '성령님의 함께하심'이라는 것을 모를 뿐입니다.

5 우리가 21세기의 대장장이로 하나님께 쓰임받기 위해서는 자신의 영역에서 능숙한 전문성을 가져야 합니다. 다윗이 하나님의 역사의 주역으로 쓰임받은 것은 자신이 맡은 일에서 헌신된 숙련공이었기 때문입니다. 당신은 지금 당신이 맡은 일에서 브살렐과 오홀리압처럼 능숙한 숙련공으로서 일하고 있습니까? 성도가 직장에서 능력있는 일꾼으로 일해야 하는 이유를 생각해보고, 이를 위한 당신의 결단을 나눠보세요.

· 잠 22:29

· 딤후 2:15

삶의 열매를 거두며

역사의 주인이신 하나님은 반드시 하나님의 사람을 통하여 역사를 이루십니다. 그렇기 때문에 어떤 그리스도인도 하나님의 역사에 방관자로 존재할 수 없습니다. 우리는 모두 자신의 영역에서 숙련된 거룩한 대장장이로서의 삶을 살아야 합니다. 그러나 마귀는 우리가 하나님 나라의 대장장이로 쓰임받지 못하도록 결사적으로 방해를 하고 있으며, 우리의 죄성도 여기에 한 몫을 하고 있습니다. 어떤 자리든 그곳을 내 삶의 대장간으로 여기고, 능숙하고 숙련된 거룩한 대장장이로 살 수 있도록 성령님의 도우심을 구하는 기도를 드립시다.

불 성곽으로 보호하시는 하나님

스가랴 2:1-5

1 내가 또 눈을 들어 본즉 한 사람이 측량줄을 그의 손에 잡았기로

2 네가 어디로 가느냐 물은즉 그가 내게 대답하되 예루살렘을 측량하여 그 너비와 길이를 보고자 하노라 하고 말할 때에

3 내게 말하는 천사가 나가고 다른 천사가 나와서 그를 맞으며

4 이르되 너는 달려가서 그 소년에게 말하여 이르기를 예루살렘은 그 가운데 사람과 가축이 많으므로 성곽 없는 성읍이 될 것이라 하라

5 여호와의 말씀에 내가 불로 둘러싼 성곽이 되며 그 가운데에서 영광이 되리라

마음의 문을 열며

인간의 본능 중에서 가장 첫째 되는 것은 안전에 대한 욕구입니다. 그래서
사람들은 자신을 보호하고 지키기 위해 재물, 권력, 명예, 인맥, 건강, 가족
이라는 거대한 성벽을 쌓고 있습니다. 그럼에도 그 성벽 안에서 사람들은 불
안해합니다. 일시적인 그것들이 결코 자신을 지켜줄 수 없음을 본능적으로
알기 때문입니다. 인간이 쌓아 올리는 그 성벽들은 옛날 아담이 자신을 가렸
던 무화과나무 잎에 불과할 뿐입니다.

피조물은 피조물을 온전히 보호할 수 없습니다. 피조물인 우리는 창조주
하나님의 품속에서만 안전해질 수 있습니다.

오늘 말씀 속에서 불 성곽 같은 하나님의 보호하심을 우리 속에 다시 일
깨우고 경험하게 될 것입니다. 그리하여 그리스도인으로서 세상이 두려워
하는 상황에서도 안전함을 누리고, 이 땅의 불안함 속에서도 하늘의 평안
함으로 사는 능력을 내 것으로 삼는 시간이 되기를 바랍니다.

말씀의 씨를 뿌리며

1 본문은 스가랴의 세 번째 환상을 다루고 있습니다. 스가랴의 질문에 대한 첫 번째 천사의 대답과 스가랴가 두 번째 천사로부터 받은 예언의 내용은 무엇입니까?

• 2절

• 4절

2 예루살렘이 성곽 없는 성읍이 될 것이라는 예언은 상식적으로 이해하기 어렵습니다. 그 당시 사람들은 튼실한 성벽을 생명을 지키는 최고의 안전판으로 여겼기 때문입니다. 그럼에도 예루살렘을 성곽 없는 성읍으로 만들겠다는 하나님의 깊은 뜻은 무엇일까요?(참고. 겔 38:11)

• 4-5절

• 잠 18:10

3 피조물인 인생을 진정으로 안전하게 보호하는 것은 사람이 세운 난공
불락의 성이 아닙니다. 우리를 평안히 눕고 자게 하시며, 안전히 살게
하시는 이는 오직 하나님이십니다(시 4:8). 왜냐하면 하나님은 세상의
어떤 보호장치도 없는 상황에서도 불 성곽으로 그의 자녀를 지키고 보
호하시기 때문입니다. 하나님이 우리의 불 성곽이 된다는 것이 어떤 의
미인지 다음 구절들을 찾아 서로 연결해 보세요.(참고. 왕하 6:17)

◎ 무엇으로부터 보호하시는가?

    악한 자로부터　　　　•　　　　　　　　•　고전 10:13

    시험과 환난으로부터　•　　　　　　　　•　시 91:3-7

    원수로부터　　　　　•　　　　　　　　•　살후 3:3

    위험으로부터　　　　•　　　　　　　　•　사 59:18-19

◎ 어떻게 보호하시는가?

    끊임없이 보호하신다　•　　　　　　　　•　사 41:10

    확실히 보호하신다　　•　　　　　　　　•　시 121:3-8

4 다음 글을 읽고 우리가 하나님의 보호하심 아래에 있다는 것은 무슨 의미인지 묵상해보세요.

우리가 '하나님의 보호를 받는다'고 할 때 보다 중요하게 기억해야 할 것은, 우리가 그저 '보호 받는 것'을 넘어 '하나님의 권위 아래 있음'을 기억하는 것입니다. 예를 들면 하나님께서 우리를 보호하시는 것은 폭풍우가 칠 때 안전하게 집 안에 있는 정도의 보호가 아닙니다.

집은 폭풍우가 올 때 그저 수동적으로 보호할 뿐입니다. 집 자체에는 어떤 권세나 권위도 있을 수가 없습니다. 그러나 우리가 하나님의 보호하심 아래 있다는 것은 하나님의 권위와 권세 아래 있음을 의미합니다. 폭풍우가 몰려올 때 우리는 폭풍우를 피하는 정도의 보호가 아니라, 그 폭풍우를 없애기도 하시고 잠잠케도 하시는 하나님의 권세의 보호 아래에 있다는 것입니다(막 4:35-41).

마가복음 4장에서, 가버나움에서 온종일 복음을 전하며 가난하고 병든 자를 돌보신 예수님은, 동편 동네인 거라사 지방으로 가시려고 배를 타고 갈릴리 호수를 건너는 중에 광풍을 만났습니다. 물결이 배에 부딪쳐 들어와 배에 가득하게 되었을 때, 제자들은 죽겠다고 아우성을 치면서 주무시던 예수님을 흔들어 깨웠습니다. 예수님이 깨어 바람을 꾸짖으시고 바다더러 잠잠하라고 말씀하시자 바람이 그 말씀에 순종하여 그치고 잠잠해졌습니다.

우리가 하나님의 보호하심 아래, 즉 권세 아래 있다는 것은 이런 것입니다. 우리의 보호는 그저 폭풍우 속에서 안전한 집이나 배 안에 있는 것이 아니라, 폭풍우를 잠잠케 하시는 하나님의 권위와 권세 아래에 있는 것입니다.

5 세상은 성벽을 쌓아 자신을 보호하려 하지만, 오히려 그렇게 높이 쌓은 성벽이 감옥처럼 자신을 가두는 무덤이 될 수 있습니다. 지금 당신이 의지하는 세상의 성벽은 무엇입니까? 어떻게 하면 성벽을 쌓으려는 본능을 제어하고 성곽 없는 성읍에서도 두려움 없이 불 성곽이신 하나님만을 의지하며 살아갈 수 있을지 서로 나눠보세요.

삶의 열매를 거두며

세상의 성곽이 나를 지키지 못할 것을 알면서도, 이 땅에 발을 딛고 있는 연약한 육신으로 인해 우리는 여전히 튼튼한 문과 빗장이 있는 높은 성벽을 탐하며 살고 있습니다. 오늘도 마귀는 끊임없이 우리의 불안과 두려움을 자극하여 세상의 성벽을 쌓도록 부추깁니다. 이러한 죄의 본성을 제어하는 길은 성곽 없는 성읍의 상황에서 불 성곽으로 역사하시는 하나님을 목도하는 데 있습니다. 매일의 삶에서 하나님이 나의 불 성곽 되심을 경험함으로, 어떤 상황에서도 하나님을 의지하는 전천후 신앙인으로 거듭나도록 성령님의 도우심을 구하는 기도를 드립시다.

그리스도인, 세상이 감당할 수 없는 소중한 사람

스가랴 2:6-13

6 오호라 너희는 북방 땅에서 도피할지어다 여호와의 말씀이니라 이는 내가 너희를 하늘 사방에 바람 같이 흩어지게 하였음이니라 여호와의 말씀이니라

7 바벨론 성에 거주하는 시온아 이제 너는 피할지니라

8 만군의 여호와께서 이같이 말씀하시되 영광을 위하여 나를 너희를 노략한 여러 나라로 보내셨나니 너희를 범하는 자는 그의 눈동자를 범하는 것이라

9 내가 손을 그들 위에 움직인즉 그들이 자기를 섬기던 자들에게 노략거리가 되리라 하셨나니 너희가 만군의 여호와께서 나를 보내신 줄 알리라

10 여호와의 말씀에 시온의 딸아 노래하고 기뻐하라 이는 내가 와서 네 가운데에 머물 것임이라

11 그 날에 많은 나라가 여호와께 속하여 내 백성이 될 것이요 나는 네 가운데에 머물리라 네가 만군의 여호와께서 나를 네게 보내신 줄 알리라

12 여호와께서 장차 유다를 거룩한 땅에서 자기 소유를 삼으시고 다시 예루살렘을 택하시리니

13 모든 육체가 여호와 앞에서 잠잠할 것은 여호와께서 그의 거룩한 처소에서 일어나심이니라 하라 하더라

마음의 문을 열며

당신이 보는 자신과 다른 사람이 보는 당신 사이의 간격은 얼마나 차이가 납니까? "당신은 나를 어떻게 생각해?"라는 질문을 두려움 없이 할 수 있는 사람이 몇이나 될까요? 긍정적인 말을 들으면 다행이나, 혹시라도 다른 사람이 나를 부정적으로 보지는 않는지, 다른 사람의 부정적인 평가 때문에 상처를 받지 않을까 염려가 되기도 합니다. 본래 죄성을 가진 인간은 스스로도 자신을 확신할 수 없는 존재입니다.

그렇다면 당신이 보는 자신과 하나님이 보시는 당신 사이의 간격은 얼마나 차이가 날까요? 오늘 본문은 이 질문에 대해 우리가 짐작조차 할 수 없는 놀라운 대답을 하고 있습니다. 뿐만 아니라 하나님이 우리 각 사람을 보시는 정체성을 확고히 가질 때 내 삶에 어떤 변화가 일어나는지 생생하게 보여주고 있습니다.

오늘 말씀을 통해 하나님이 바라보시는 관점으로 우리의 정체성을 교정하고, 하나님이 보시는 정체성에 걸맞은 삶을 살아가기로 결심하는 시간이 되기를 바랍니다.

말씀의 씨를 뿌리며

1 예수님을 구주로 믿고 신앙을 가지게 되면, 가장 먼저 깨닫게 되는 진리가 '하나님이 나를 사랑하신다'는 것입니다. 그럼에도 우리는 시간이 지나면서 하나님의 사랑에 대한 오감이 무디어지고 습관적으로 인식하며 살게 됩니다. 오늘 본문은 하나님의 사랑에 대하여 이처럼 무미건조해진 신앙인을 일깨우는 충격적인 말씀을 하고 있습니다. 그것이 무엇입니까?

• 8절b

• 시 17:7-8

• 신 32:10

2 하나님은 자기 눈동자처럼 사랑하는 백성들에게 긴박하게 말씀합니다. 불이 나서 생명이 경각에 달린 사람을 구하기 위해 분초를 다투는 비상벨처럼 천지를 진동하는 강력한 경고음을 울리고 있습니다. 그 내용을 찾아보고, 경고의 이유를 생각해보세요.

- 6–7절

- 사 13:19

3 바벨론에서 도피하여 하나님이 원하시는 시온으로 돌아온 백성들은 기쁨의 노래를 부르게 됩니다. 이 노래는 하나님께서 자기 눈동자처럼 지켜 주신 그 사랑이 너무 감사하고, 죽음의 땅에서 구원하신 그 은혜가 너무 감사해서 부르는 기쁨의 노래입니다. 다음 구절에서 불멸의 기쁨을 주시며 우리로 하여금 환호하게 하시는 이유를 정리해보세요

10절 •	• 하나님의 소유됨
11절 •	• 하나님의 크신 권능
12절 •	• 하나님의 임재
13절 •	• 전 세계적인 구원

4 우리가 하나님께서 눈동자처럼 사랑하시는 존재로서 기쁨의 노래를 부르기 위해서는 북방 땅에서, 바벨론에서 도망쳐야 합니다. 다음 글을 읽고 우리가 죄악에서 도망쳐야 하는 이유를 묵상해보세요.

현실은 악마로부터 도망치기보다는 이 땅에서의 젊음과 즐거움을 위해서라면 악마 메피스토펠레스에게 자신의 영혼을 파는 것을 주저하지 않는 수많은 21세기의 파우스트들이 있습니다. 어떤 이들은 자신들이 죄악을 통제할 수 있다고 여기기 때문에 죄의 울타리 속에 있는 사람들이 있습니다. 이 정도의 유혹, 이 정도의 작은 죄들은 자신의 의지나 능력으로 충분히 이길 수 있다고 생각하는 것입니다. 여기서 우리는 중세의 청교도 신학자인 존 오웬의 말에 귀를 기울일 필요가 있습니다. "죄는 항상 최고를 목표로 하고 있다. 죄는 처음에는 그 움직임이 유순하고 권유하는 방식을 취한다. 그러나 초기 동작들을 통해서 일단 사람의 마음에 발 뻗을 틈을 얻기만 하면, 부단하게 자기 터를 일구는 일을 계속하여 같은 방향으로 정도를 약간씩 더 높여 가는 것이다. 죄가 이렇게 새로운 활동과 전진을 위한 행보를 하게 되면 불신앙적 생각을 머리까지 키워서 무신론으로까지 발전하게 만든다."

우리가 죄악 가운데서 도망쳐야 하는 이유는 죄는 결코 우리의 영혼을 고사 시킬 때까지 성장을 멈추지 않기 때문입니다. 처음에는 풀잎처럼 무력해 보이는 죄라도 나중에는 너무도 억세게 자라 우리의 심령을 완악하게 만들고 결국은 파멸시킵니다(히 3:13).

5 하나님은 우리를 눈동자처럼 사랑하시며 불멸의 기쁨으로 환호하는 삶을 살게 하십니다. 이를 위해 우리는 먼저 바벨론에서 도망쳐 시온으로 달려가야 합니다. 그러나 바벨론은 너무도 매력적이고 너무도 안전해 보이기에 그곳에서 안주하려는 죄의 본성을 자극합니다. 지금 당신을 유혹하고 영적인 감각을 마비시키는 바벨론, 당신의 영적 생명을 위협하고 있어서 지금 당장 벗어나야 할 바벨론은 무엇인지 생각하고, 어떻게 하면 거기서 벗어날 수 있을지 솔직하게 나눠봅시다.

삶의 열매를 거두며

어떤 인생으로 사는 것이 당신을 가장 가슴 뛰게 합니까? 우리는 하나님께서 눈동자처럼 사랑하시는 존재이기에 거룩한 설렘과 기쁨으로 심령이 펄떡여야 합니다. 그러나 재물이 가슴을 뛰게 하고 명예와 권력이, 혹은 자식의 영광이 가슴을 뛰게 하고 있지는 않습니까? 우리가 하나님의 눈동자처럼 사랑받는 거룩한 정체성을 가진 자로 살기 위해서는 바벨론이라는 죄의 영역에서 떠나야 합니다. 아직 정리하지 못한 고질적인 죄가 있다면 회개하고 돌이킬 수 있도록 성령님의 도우심을 구하는 기도를 드립시다.

더러운 옷을 깨끗한 예복으로

스가랴 3:1-5

1 대제사장 여호수아는 여호와의 천사 앞에 섰고 사탄은 그의 오른쪽에 서서 그를 대적하는 것을 여호와께서 내게 보이시니라

2 여호와께서 사탄에게 이르시되 사탄아 여호와께서 너를 책망하노라 예루살렘을 택한 여호와께서 너를 책망하노라 이는 불에서 꺼낸 그슬린 나무가 아니냐 하실 때에

3 여호수아가 더러운 옷을 입고 천사 앞에 서 있는지라

4 여호와께서 자기 앞에 선 자들에게 명령하사 그 더러운 옷을 벗기라 하시고 또 여호수아에게 이르시되 내가 네 죄악을 제거하여 버렸으니 네게 아름다운 옷을 입히리라 하시기로

5 내가 말하되 정결한 관을 그의 머리에 씌우소서 하매 곧 정결한 관을 그 머리에 씌우며 옷을 입히고 여호와의 천사는 곁에 섰더라

마음의 문을 열며

'하나님은 어떤 사람을 쓰시는가?'에 대한 대답은 분명합니다. 하나님은 숙련된 대장장이처럼 준비된 자를 사용하십니다. 그런데 우리는 한 가지 더 질문 해야 합니다. '하나님께 쓰임 받는 사람은 누구인가?' 하나님께서 준비시키는 자입니다.

하나님을 위해 준비된 자와 하나님께서 준비시키는 자는 마치 동전의 양면과 같이 긴밀히 연결되어 있습니다. 우리는 사명을 위해 준비되어야 하지만, 하나님은 사명을 위해 우리를 준비시키십니다.

우리는 늘 고민합니다. '나처럼 부족하고 연약한 자가, 심지어 세상이 외면하는 자가 어떻게 하나님께 쓰임 받을 수 있을까?' 우리의 자격으로는 할 수 없습니다. 우리의 자격을 가지고 할 수 있는 것도 아닙니다.

오늘 본문은 여기에 대한 대답을 하고 있습니다. 지금 막 불에서 꺼낸 그슬린 나무처럼 더러운 옷을 입은 사람이 법정에 서 있습니다. 마귀는 하나님의 공의를 들먹이며 이런 부정한 사람을 당장 내쳐야 한다고 주장합니다. 오염되고 더러운 나 같은 자를 하나님께서 어떻게 깨끗게 하시며 사명의 사람으로 사용하시는지 그 드라마틱한 현장을 목도하며 하나님의 놀라운 은혜에 가슴 터지는 시간이 되기를 바랍니다.

말씀의 씨를 뿌리며

1 본문에는 하나님을 재판장으로 하는 하늘의 법정이 열리고 있습니다. 등장하는 인물들을 살펴보고, 특히 피고처럼 서 있는 대제사장 여호수아의 모습이 어떠한지 대답해보세요.(참고. 학 1:1)

· 1, 3절

....

....

....

....

....

2 성경적인 배경을 가지고 법정을 들여다보면, 사탄이 여호수아를 참소하는 내용을 충분히 짐작할 수 있습니다. '하나님처럼 선하신 분이, 대제사장의 신분으로서 죄의 더러운 옷을 입고 있는 자와 어떻게 함께 하실 수 있습니까?' 여기에 대해서 하나님은 어떻게 판결을 내리고 있습니까?(참고. 사 64:6)

· 2절

....

....

....

....

- 4절

....

....

....

3 사탄의 참소에 대해 여호수아를 정죄하지 않으시고 오히려 아름다운 옷을 입히시는 하나님께 감동이 된 스가랴가 하나님께 드린 요청은 무엇이며, 그 요청이 의미하는 바는 무엇입니까?

- 5절

....

....

- 히 9:13-14

....

....

....

....

- 요일 1:7

....

....

....

....

4 다음 글을 읽고 하나님께서 우리가 입고 있는 더러운 옷을 벗기시고 아름다운 옷을 입히신다는 것이 무슨 의미인지 묵상해보세요.

죄성을 타고 태어난 인간은 유혹의 욕심을 따라 썩어져 가는 존재(엡 4:22)요, 본질상 파멸될 수밖에 없는 진노의 자녀입니다(엡 2:3). 그런 우리가 예수님의 피로 정결의 옷을 입게 되었습니다. 구약 언약의 대가인 메리데스 클라인 교수는 "그날에 하나님은 그의 백성들의 죄악의 흉터를 제거하시고 그들을 의의 옷으로 입히실 것이다"라고 표현하고 있습니다.

시인 다윗은 심령에서 죄악의 흉터가 제거되고 의의 옷을 입은 사람들의 모습에 대해서 이렇게 노래합니다. "주의 제사장들은 의를 옷 입고 주의 성도들은 즐거이 외칠지어다"(시 132:9). "내가 그의 원수에게는 수치를 옷 입히고 그에게는 왕관이 빛나게 하리라 하셨도다"(시 132:18). 우리에게서 죄악의 흉터가 제거되는 때가 원수 마귀에게는 수치의 시간이요, 하나님의 자녀에게는 지극히 복된 시간이 될 것을 보여주고 있습니다.

예수님의 피로 정결의 옷을 입은 자는 죄악의 흉터를 날마다 제거하는 삶을 사는 자입니다. 그리고 바로 그때가 하나님께서 우리의 원수들에게는 수치를 옷 입히고, 우리에게는 평안의 왕관으로 빛나는 축복을 주시는 시간입니다.

5 우리의 죄가 아무리 깊고 더럽더라도, 주님은 십자가 대속의 피로 단번에 우리를 깨끗하게 하십니다. 예수님께서 우리를 죄에서 깨끗하게 하신 이유는 첫째, 우리를 거룩하게 하기 위해서입니다(히 13:12). 둘째, 거룩한 대장장이로서 하나님의 선한 일에 쓰임 받도록 하기 위해서입니다(딤후 2:21). 셋째, 하나님과 친밀히 교제하기 위해서입니다(엡 2:13). 넷째, 우리를 가까이하심으로 복을 주기 위해서입니다(시 65:4). 당신은 그리스도의 피로 인한 정결함의 은혜를 누리며 살고 있습니까? 그렇지 않다면 그 이유를 생각해보고, 정결함의 은혜로 살기 위한 당신의 결심을 나눠보세요.

삶의 열매를 거두며

이사야 64장 6절의 말씀처럼 우리는 본질적으로 부정한 자요, 우리가 자랑으로 여기는 의조차 더러운 옷에 불과합니다. 오늘 본문의 말씀 말씀처럼 불에서 꺼낸 그슬린 나무와 같은 존재입니다. 그러나 좋으신 하나님은 이런 우리를 예수님의 십자가 보혈로 정결하게 하시고 정결한 옷과 의의 예복을 입혀주십니다. 그러므로 그리스도인인 우리는 거룩한 대관식을 한 자로서 품격 있는 삶을 사는 것이 마땅합니다. 더 이상 죄의 본성이 우리를 통제하지 못하도록, 죄의 중력에서 벗어나서 하나님의 사람으로 품격 있게 살 수 있도록 성령님의 도우심을 구하는 기도를 드립시다.

Lesson 7

우리는 예표의 사람들

스가랴 3:6-10

6 여호와의 천사가 여호수아에게 증언하여 이르되

7 만군의 여호와의 말씀에 네가 만일 내 도를 행하며 내 규례를 지키면 네가 내 집을 다스릴 것이요 내 뜰을 지킬 것이며 내가 또 너로 여기 섰는 자들 가운데에 왕래하게 하리라

8 대제사장 여호수아야 너와 네 앞에 앉은 네 동료들은 내 말을 들을 것이니라 이들은 예표의 사람들이라 내가 내 종 싹을 나게 하리라

9 만군의 여호와가 말하노라 내가 너 여호수아 앞에 세운 돌을 보라 한 돌에 일곱 눈이 있느니라 내가 거기에 새길 것을 새기며 이 땅의 죄악을 하루에 제거하리라

10 만군의 여호와가 말하노라 그 날에 너희가 각각 포도나무와 무화과나무 아래로 서로 초대하리라 하셨느니라

마음의 문을 열며

만나면 좋은 사람이 있습니다. 만날 것을 생각만 해도 설레는 사람이 있습니다. 언제나 그는 내게 좋은 소식을 전하고, 나를 복되게 하는 사람입니다. 그가 있는 자리는 슬픈 자를 위로하는 기쁨이 있고, 세상의 두려움을 해체하는 평안이 있으며 사람을 살리는 생명의 역사가 있습니다.

오늘 본문은 하나님의 자녀 된 당신이 바로 그 사람이라고 말합니다. 그리고 자녀 된 우리를 천국의 흥겨움이 가득한 잔치 자리로 초대합니다.

말씀 속에서 우리는 불에서 꺼낸 그슬린 나무와 같은 자신이 슬픔 가득한 이 세상에 빛이 되고 기적과 치유와 은총을 입는 표징의 사람이 되는 비결에 눈 뜨게 될 것입니다. 더불어 하나님의 사람들이 함께할 때 누리는 찬란한 기쁨과 풍성한 즐거움을 목도하며 이 세상에 복되고 아름다운 징조와 예표의 사람이 되는 기초석을 놓는 시간이 될 것입니다.

말씀의 씨를 뿌리며

1 죄로 더러워진 옷이 벗겨지고 아름다운 옷이 입히며, 정결의 관이 씌워진 여호수아에게 주신 하나님의 조건적인 약속과 이를 지킬 때 받는 축복의 결과는 무엇입니까?

- 7절

2 이스라엘의 대제사장 여호수아에게 조건적 약속을 말씀하신 하나님은 이제 무조건적으로 예표의 사람들, 싹 그리고 일곱 눈을 가진 돌을 약속하십니다(8-9절). 각각의 약속이 하나님의 자녀들에게 주는 놀라운 의미를 살펴보고 서로 나눠보세요.

- 사 8:18

- 사 11:1

・ 계 5:6

3 하나님의 약속을 받고 그 명령을 실천하는 자에게 하나님은 포도나무
　와 무화과나무 아래로 초대하십니다(10절). 다음 구절에서 이러한 초대
　를 받게 되면 누리는 축복을 찾아서 말해보세요.

　・ 미 4:4

　・ 왕상 4:25

4 다음 글을 읽고 불에서 꺼낸 그슬린 나무 같은 존재가 은혜의 반전을
　통해 이 땅에서 메시아이신 그리스도를 드러내는 예표의 사람으로 살
　아간다는 것이 어떤 뜻인지 묵상해보세요.

97세의 노인 앤은 수술 후 회복 중이었다. 그녀는 아름다운 삶을 살아왔지만 피곤에 지쳤고 본향으로 돌아갈 준비가 되어 있었다. "주님, 왜죠? 이제 시간이 된 것 아닌가요?" 주님의 대답은 빠르고 명확하게 주어졌다. "앤, 나는 여전히 널 위해 계획을 가지고 있단다. 병상에서 일어나 주위를 둘러보아라." 그 순간 앤은 기침 발작 때문에 한쪽으로 물러나 있는 여인에게 시선이 닿았다. "아직 제가 할 일이 있군요. 이곳에서도 저를 사용해 주세요." 앤은 기침하는 여인의 등을 토닥이며, 함께 오래된 노래가락을 부르기 시작했다. 노래를 끝까지 불렀을 때 그 여인의 기침은 잦아들었다. 앤은 하나님께서 그녀를 얼마나 사랑하시는지 이야기하고 자리를 떠났다.

아마도 앤의 육신의 모든 뼈마디는 그녀가 하나님의 음성에 순종해서 일어서려는 노력에 대항하고 거부했을 것이다. 그러나 그녀는 고갈된 상태나 쓸모없는 존재라고 느껴지는 나이가 되어서도 육신의 본성에 무릎 꿇지 않고 눈을 밖으로 향하여 섬김 대상을 바라보았다. 하나님의 임재가 그녀의 삶에 나타났듯이, 그녀는 다른 사람의 삶에 나타난 하나님의 임재의 가견적 현시이다.*

---

* 케네스 보아, 《그리스도人 in 그리스도》 Life in the Presence of God, 국제제자훈련원, 2021, pp. 30-32.

5 더러운 옷을 입고 불에서 꺼낸 그슬린 나무 같은 여호수아가 천상에서 하나님을 보좌하는 천사들과 함께 왕래하는 존재가 되었습니다. 죄로 인해 지옥문으로 달려가는 우리에게 이보다 더 가슴을 심쿵하게 하는 극적인 예표가 또 있을까요? 어떻게 하면 하나님의 사랑에 감읍하며 그리스도를 드러내는 예표의 사람으로 살 수 있을까요? 당신의 각오와 결심을 나눠보세요.

_____

_____

_____

_____

삶의 열매를 거두며

돌아보면 부끄러움뿐인 우리를 축복의 대상으로 삼으시고, 나아가 세상의 축복이 되도록 붙드시는 하나님의 그 한량없는 사랑을 어찌 다 헤아릴 수 있을까요? 세상의 상처로 고통하는 우리를 포도나무와 무화과나무 아래로 초대하여 하늘의 평안을 누리게 하시는 은혜를 그 무엇으로 감사할 수 있을까요? 무엇보다 죄를 떠나고(9절) 말씀을 실천하며(7절), 형제를 평안의 자리로 초대하는(10절) 자가 되도록 성령님의 도우심을 구하는 기도를 드립시다.

순금 등잔대의 환상

스가랴 4:1-6

1 내게 말하던 천사가 다시 와서 나를 깨우니 마치 자는 사람이 잠에서 깨어난 것 같더라

2 그가 내게 묻되 네가 무엇을 보느냐 내가 대답하되 내가 보니 순금 등잔대가 있는데 그 위에는 기름 그릇이 있고 또 그 기름 그릇 위에 일곱 등잔이 있으며 그 기름 그릇 위에 있는 등잔을 위해서 일곱 관이 있고

3 그 등잔대 곁에 두 감람나무가 있는데 하나는 그 기름 그릇 오른쪽에 있고 하나는 그 왼쪽에 있나이다 하고

4 내게 말하는 천사에게 물어 이르되 내 주여 이것들이 무엇이니이까 하니

5 내게 말하는 천사가 대답하여 이르되 네가 이것들이 무엇인지 알지 못하느냐 하므로 내가 대답하되 내 주여 내가 알지 못하나이다 하니

6 그가 내게 대답하여 이르되 여호와께서 스룹바벨에게 하신 말씀이 이러하니라 만군의 여호와께서 말씀하시되 이는 힘으로 되지 아니하며 능력으로 되지 아니하고 오직 나의 영으로 되느니라

마음의 문을 열며

지난 수천 년 동안 시대와 세대를 관통하며 묻는 질문이 있습니다. '당신은 왜 사는가?' '당신은 무엇으로 사는가?' 당신이 사는 목적은 무엇이며, 당신의 삶을 이끄는 동력은 무엇인가를 묻는 질문입니다. 세상의 모든 질문은 이 두 가지 질문으로 귀결된다고 해도 과언이 아닙니다.

이 질문들을 신앙적으로 표현해보면 다음과 같습니다. '하나님의 자녀로서 이 땅에서 당신의 사명은 무엇이며, 어떤 상황에서도 지치거나 낙망하지 않고 당신의 사명을 이루게 하는 힘은 어디에서 나오는가?'

오늘 본문은 인생의 본질적인 질문에 대답합니다. 우리는 모두 하나님의 자녀입니다. 그리스도인은 부초처럼 물이 흐르는 대로 바람이 부는 대로 살아서는 안 되는 인생입니다. 말씀을 통해 더 이상 세상 즐거움의 온탕에서 적당히 살아가는 인생이 아니라, 신앙의 나태와 무기력의 잠에서 '즉시, 완전히!' 깨어나 다시금 하나님께 사명자로서 자신을 내어 드리는 영적 각성의 시간이 되기를 바랍니다.

말씀의 씨를 뿌리며

1 해석 천사에 의해서 깨어난 스가랴가 환상 속에서 보았던 것은 무엇입니까?

- 2-3절

2 일곱 등잔은 영적인 이스라엘이요 궁극적으로는 신약 교회를 상징합니다. 순금 등잔대는 세상의 참 빛이신 예수 그리스도를 가리킵니다. 다음 구절을 통해 이 사실을 확인해보고, 등잔의 등불이 꺼지지 않는 이유는 무엇인지 말해보세요.

- 3절

- 계 1:20

- 요 8:12

3 스가랴는 천사에게 자신이 보았던 환상의 의미를 묻습니다. 이에 대해 천사는 스룹바벨의 성전 건축은 사람의 힘이나 세상의 능력으로 되는 것이 아니라 오직 성령으로만 할 수 있다고 대답합니다(6절). 이것은 오늘날 그리스도인이 세상에서 빛의 사명을 감당할 수 있는 비결이기도 합니다. 다음 구절을 찾아보고 그 비결을 당신의 말로 풀어 정리해보세요.

- 갈 5:25-26

- 엡 6:18

4 다음 글을 읽고 이 땅에서 성령의 능력을 힘입어 산다는 것이 무슨 뜻인지 묵상해보세요.

사람들은 능력의 원천을 자신의 힘과 지혜에서 찾습니다. 자기 안에 있는 인소싱(insourcing)입니다. 어떤 사람은 자기 주변의 탁월한 사람들의 힘을 능력의 원천으로 삼습니다. 이것은 아웃소싱(outsouring)입니다. 세상은 적절한 인소싱과 아웃소싱으로 성공할 수 있다고 생각합니다. 자신들이 스위치를 만들어 불을 켜서 빛을 내는 것입니다. 그러나 이것은 열 처녀 비유에서 어리석은 다섯 처녀가 가졌던 잠깐 동안의 등불에 불과합니다. 하나님의 일은 위로부터 부어지는 업소싱(upsourcing)으로만 가능합니다. 왜냐하면 시인의 고백처럼 "권능은 하나님께 속하였기" 때문입니다(시 62:11).

성령의 능력을 사는 사람에 대해서 토저는 이렇게 말하고 있습니다. "위로부터 임하는 능력으로 사는 그리스도인은 두 주인을 섬길 수 없다. 세상의 길을 가면서 성령의 길을 추구할 수는 없는 것이다. 그리스도인의 최고의 비극은 성령님을 떠나 사는 것이다. 오늘 하루 당신은 성령님의 영향을 받은 적이 있기는 하는가? 신앙인이 아닌 종교인의 옷을 입고 사는 거품 그리스도인이 되는 것을 경계하라. 이제 주님이 성소의 휘장을 위에서 아래로 찢으셨듯이 우리 자아의 휘장을 위에서 아래로 찢도록 기도하라. 행복보다는 거룩을 추구하고 보는 것보다는 보이지 않는 것을 사모하며, 인간의 지혜보다는 성령의 감동을 소원하라."

5 그리스도인은 위로부터 공급되는 기름부으심으로 순금 등잔대의 빛의 사명을 수행하는 자입니다. 빛을 비추는 순금 등잔대의 사명을 감당하기 위해서, 우리는 빛을 가리는 차단막을 제거해야 하고 세상에 취한 잠에서 깨어나야 합니다. 당신의 삶에서 빛을 가리는 차단막은 무엇이며, 세상에 취한 잠에서 깨어나려면 어떻게 해야 하는지 나눠보세요.

_____

_____

_____

_____

삶의 열매를 거두며

위로부터 부어지는 기름 부으심이 없다면 그리스도인은 영적 좀비와 같은 존재에 불과합니다. 적지 않은 교인들이 이러한 각성 없이 살고 있으며, 아예 이런 사실 자체를 인식하지 못하고 살고 있는 경우도 많습니다. 치열한 세상살이로 인해 정신없고 경황이 없다고 말할지 모릅니다. 그러나 우리는 그리스도인이요, 그리스도인은 단 하루도 사명의 꿈 없이 살아서는 안 되는 존재입니다. 세상에 취한 나를 일깨워 다시금 그리스도인으로서 내가 무엇을 위해 사는지, 왜 살아야 하는지를 각성하며, 위로부터 부어지는 기름 부으심을 위해 성령님의 도우심을 구하는 기도를 드립시다.

누가 그 일을 성취할 것인가

스가랴 4:6-14

6 그가 내게 대답하여 이르되 여호와께서 스룹바벨에게 하신 말씀이 이러하니라 만군의 여호와께서 말씀하시되 이는 힘으로 되지 아니하며 능력으로 되지 아니하고 오직 나의 영으로 되느니라

7 큰 산아 네가 무엇이냐 네가 스룹바벨 앞에서 평지가 되리라 그가 머릿돌을 내놓을 때에 무리가 외치기를 은총, 은총이 그에게 있을지어다 하리라 하셨고

8 여호와의 말씀이 또 내게 임하여 이르시되

9 스룹바벨의 손이 이 성전의 기초를 놓았은즉 그의 손이 또한 그 일을 마치리라 하셨나니 만군의 여호와께서 나를 너희에게 보내신 줄을 네가 알리라 하셨느니라

10 작은 일의 날이라고 멸시하는 자가 누구냐 사람들이 스룹바벨의 손에 다림줄이 있음을 보고 기뻐하리라 이 일곱은 온 세상에 두루 다니는 여호와의 눈이라 하니라

11 내가 그에게 물어 이르되 등잔대 좌우의 두 감람나무는 무슨 뜻이니이까 하고

12 다시 그에게 물어 이르되 금 기름을 흘리는 두 금관 옆에 있는 이 감람나무 두 가지는 무슨 뜻이니이까 하니

13 그가 내게 대답하여 이르되 네가 이것이 무엇인지 알지 못하느냐 하는지라 내가 대답하되 내 주여 알지 못하나이다 하니

14 이르되 이는 기름 부음 받은 자 둘이니 온 세상의 주 앞에 서 있는 자니라 하더라

마음의 문을 열며

인생길을 걷다 보면 감당할 수 없는 사건이나 문제로 인생이 금 가고 조각날 때가 있습니다. 깨어진 조각들은 부서진 돌이나 날카로운 유리 조각처럼 인생을 가로막는 암울한 파편이 됩니다. 세상은 이런 것에 불행이라는 딱지를 붙이고 고개를 흔들며 탄식합니다.

그러나 창조주 하나님을 아버지로 부르는 우리는 세상과 같은 모습일 수 없습니다. 왜냐하면 깨어진 인생의 조각들이 하나님의 손에서는 작품이 되기 때문입니다. 아무렇게나 놓인 한글의 자모음들이 시인을 만나면 시가 되고 소설가를 만나면 이야기가 되듯이, 깨어지고 부서져 조각난 우리 인생은 하나님을 만나면 아름다운 시, 멋진 이야기가 됩니다.

오늘 말씀을 통해 인생길을 가로막는 큰 산에 부딪혀서 조각난 삶의 파편들이 어떻게 하나님의 장중(掌中)에서 훌륭한 모자이크 작품으로 거듭나는지 생생히 목도하며, 지금 내게 주어진 모든 삶에 감사의 각성을 일으키는 시간이 되기를 바랍니다.

말씀의 씨를 뿌리며

1 이스라엘 백성들은 반세기가 넘는 포로 생활을 한 후에 예루살렘으로 돌아와서 가장 먼저 하나님의 전을 건축하기 시작했습니다. 그런데 사마리아 사람들의 악의에 찬 방해로 인해 일은 진척되지 않고 처음에 품었던 꿈과 열심은 식어버렸습니다. 이처럼 스룹바벨이 성전 건축이라는 하나님의 뜻을 거스르는 적대적인 환경에 갇혀 있을 때, 하나님께서 '큰 산'을 말씀하셨습니다. 큰 산의 의미를 생각해보고, 이것을 돌파하는 비결은 무엇인지 말해보세요.

- 10절a

- 마 5:19

2 조각난 인생을 멋진 모자이크로 만드시는 하나님의 손길에 반응하는 첫 번째 비결이 기초적인 작은 일을 중시하는 것이라면, 또다른 중요한 비결은 무엇입니까?

- 6절

- 12절

- 14절

3 인생의 절벽 앞에서도, 사면초가의 캄캄한 상황에서도, 심지어 큰 산을 만나 인생이 산산조각날 때조차도 주눅들지 않고 담대한 소망을 가지며 사는 이유는 하나님이 주야로 우리를 감찰하시기 때문입니다. 하나님은 무엇을 감찰하시는지 구절의 짝을 맞춰보세요.

시 7:9   •   • 죄악

욥 34:21   •   • 고난

창 31:42   •   • 수고

시 130:3   •   • 원통함

삼하 16:12   •   • 마음

시 31:7   •   • 환난

느 9:9   •   • 걸음

4 깨어진 인생이 아름다운 인생으로 모자이크되기 위해서 가장 요구되는 것은 성령님과 동행하는 것입니다. 다음 글을 읽고 이러한 사실에 대해 묵상해보세요.

아름다운 인생은 어떤 인생입니까? 첫째, 성령님을 통하여 그리스도를 본받는 인생이 아름답습니다. 데살로니가전서 1장 6절, "또 너희는 많은 환난 가운데서 성령의 기쁨으로 말씀을 받아 우리와 주를 본받은 자가 되었으니"

둘째, 성령님을 통하여 하나님의 사랑으로 사는 인생이 아름답습니다. 로마서 5장 5절, "소망이 우리를 부끄럽게 하지 아니함은 우리에게 주신 성령으로 말미암아 하나님의 사랑이 우리 마음에 부은 바 됨이니"

셋째, 성령님의 열매를 맺으며 살아가는 인생이 아름답습니다. 갈라디아서 5장 22-23절, "오직 성령의 열매는 사랑과 희락과 화평과 오래 참음과 자비와 양선과 충성과 온유와 절제니 이 같은 것을 금지할 법이 없느니라"

넷째, 성령님과 동행하며 복음으로 사는 인생이 아름답습니다. 디모데후서 1장 14절, "우리 안에 거하시는 성령으로 말미암아 네게 부탁한 아름다운 것을 지키라"

다섯째, 성령님의 기름부음을 통하여 선한 일을 행하는 인생이 아름답습니다. 사도행전 10장 38절, "하나님이 나사렛 예수에게 성령과 능력을 기름 붓듯 하셨으매 그가 두루 다니시며 선한 일을 행하시고 마귀에게 눌린 모든 사람을 고치셨으니 이는 하나님이 함께 하셨음이라"

여섯째, 성령님과 함께 예배하는 인생이 아름답습니다. 요한복음 4장 24절, "하나님은 영이시니 예배하는 자가 영과 진리로 예배할지니라"

일곱째, 성령님을 통하여 하나님의 영광을 드러내는 인생이 아름답습니다. 에베소서 1장 13-14절, "그 안에서 너희도 진리의 말씀 곧 너희의 구원의 복음을 듣고 그 안에서 또한 믿어 약속의 성령으로 인치심을 받았으니 이는 우리 기업의 보증이 되사 그 얻으신 것을 속량하시고 그의 영광을 찬송하게 하려 하심이라"

5 인생의 큰 산은 위로부터 임하는 성령님의 기름 부으심으로 해결될 수 있습니다. 성령님의 능력으로 사는 사람은 다음의 네 가지 질문에 대답할 수 있습니다. '누가 주저앉은 사람들의 사기를 진작시킬 것인가? 누가 꿈을 상실한 사람들에게 다시 소망의 비전을 심어줄 것인가? 누가 현실에 냉소적인 사람들의 무관심의 벽을 헐고 다시 회복시킬 것인가? 누가 노력해도 소용없다고 자포자기한 사람들을 일으켜 세울 것인가?' 당신은 이러한 질문에 "내가"라고 대답할 수 있습니까? 그렇지 않다면 당신이 해야 할 가장 우선적인 일은 무엇인지 생각해보고 나눠보세요.

삶의 열매를 거두며

신앙인이 두려워해야 하는 것은 인생이 산산조각나는 것이 아니라, 깨어진 인생이 하나님의 장중에 있지 않는 것입니다. 우리가 이 세상에 살면서 온 땅의 주(主)이신 하나님의 장중에 붙들려 살아가는 가장 확실한 길은 성령님과 동행하는데 있습니다. 우리의 일평생이 한결같은 순금 등잔대파로서 성령님과 동행하는 삶을 살 수 있도록 성령님의 도우심을 구하는 기도를 드립시다.

죄악 척결

스가랴 5:1-11

1 내가 다시 눈을 들어 본즉 날아가는 두루마리가 있더라

2 그가 내게 묻되 네가 무엇을 보느냐 하기로 내가 대답하되 날아가는 두루마리를 보나이다 그 길이가 이십 규빗이요 너비가 십 규빗이니이다

3 그가 내게 이르되 이는 온 땅 위에 내리는 저주라 도둑질하는 자는 그 이쪽 글대로 끊어지고 맹세하는 자는 그 저쪽 글대로 끊어지리라 하니

4 만군의 여호와께서 이르시되 내가 이것을 보냈나니 도둑의 집에도 들어가며 내 이름을 가리켜 망령되이 맹세하는 자의 집에도 들어가서 그의 집에 머무르며 그 집을 나무와 돌과 아울러 사르리라 하셨느니라 하니라

5 내게 말하던 천사가 나아와서 내게 이르되 너는 눈을 들어 나오는 이것이 무엇인가 보라 하기로

6 내가 묻되 이것이 무엇이니이까 하니 그가 이르되 나오는 이것이 에바이니라 하시고 또 이르되 온 땅에서 그들의 모양이 이러하니라

7 이 에바 가운데에는 한 여인이 앉았느니라 하니 그 때에 둥근 납 한 조각이 들리더라

8 그가 이르되 이는 악이라 하고 그 여인을 에바 속으로 던져 넣고 납 조각을 에바 아귀 위에 던져 덮더라

9 내가 또 눈을 들어 본즉 두 여인이 나오는데 학의 날개 같은 날개가 있고 그 날개에 바람이 있더라 그들이 그 에바를 천지 사이에 들었기로

10 내가 내게 말하는 천사에게 묻되 그들이 에바를 어디로 옮겨 가나이까 하니

11 그가 내게 이르되 그들이 시날 땅으로 가서 그것을 위하여 집을 지으려 함이니라 준공되면 그것이 제 처소에 머물게 되리라 하더라

마음의 문을 열며

창조주 하나님은 욥의 고백처럼 "못 하실 일이 없으며 못 이루실 것이 없는"(욥 42:2) 전능하신 하나님이십니다. 그러나 하나님께서도 하실 수 없는 것이 있습니다. 그분의 말씀을 폐기할 수 없고(시 119:89), 거짓말을 하실 수 없으며(히 6:17-18) 불의를 행하실 수 없습니다(롬 9:14). 그리고 죄 가운데 계속 거하는 자를 구원하실 수가 없습니다(갈 5:19-21).

그러므로 죄인에 대한 사랑은 하나님의 몫이지만, 그 사랑을 입기 위한 회개는 인간의 몫입니다. 하나님은 죄에 사로잡혀 있는 자와 동행하실 수 없기 때문입니다. 그러니 죄의 청산, 죄악에 대한 심판은 동전의 양면과 같이 하나님 사랑의 절절한 표현입니다.

오늘 말씀 속에서 죄를 그토록 미워하시고, 죄악을 징벌하시는 하나님을 통해 우리를 향한 하나님의 애끓는 사랑을 깊이 느끼며, 주님의 보혈의 강수에 우리 몸을 씻는 시간이 되기를 바랍니다.

말씀의 씨를 뿌리며

1 스가랴는 여섯 번째 환상으로 날아가는 두루마리를 봅니다. 이 두루마리 크기에 담긴 의미를 살펴보고, 두루마리에 기록된 내용은 무엇인지 말해보세요.

• 왕상 6:3

....

....

....

....

• 3-4절

....

....

....

....

2 두루마리의 저주는 죄로 인한 저주입니다. 이를 해결하는 것은 십자가의 대속의 피입니다. 죄 문제가 해결되지 않으면 날아다니는 두루마리가 날아다니는 저주가 되어 위력을 발휘할 것입니다. 예수님의 보혈이 우리를 율법의 저주에서 구원하신 사실을 다음 구절에서 확인해보세요.

• 신 28:20

....

....

....

....

• 갈 3:13

_____

_____

_____

_____

3 스가랴는 '두루마리의 저주 환상'에 이어 '에바 속 여인의 환상'을 보았습니다. 이 여인은 온갖 죄의 뿌리가 되는 악을 상징합니다. 이 악이 예루살렘의 멸망을 불러들였고, 지금도 그 위세를 떨치고 있습니다. 하나님은 이 악을 어떻게 처리하십니까?(참고. 창 11:2, 단 1:2)

• 8절

_____

_____

• 11절

_____

_____

_____

_____

_____

_____

4 다음 글을 읽고 왜 우리가 하나님과 동행하기 위해 죄에서 돌이켜야 하는지 묵상해보세요.

복음 전하는 일에 일생을 드렸던 빌리 그레이엄 목사님의 말입니다. "순전하고 거룩한 하늘의 하나님은 죄와 공존할 수 없는 분이시다. 그래서 죄를 범한 우리와 하나님은 서로 충돌하고 있다. 이 세상에서 가장 큰 전쟁은 국가 간의 전쟁이 아니라 우리와 하나님 사이에서 벌어지고 있는 전쟁이다." 우리가 죄를 지을 때마다 우리는 하나님께 영적으로 선전포고를 하는 것입니다.

"우리가 반역의 붉은 깃발을 앞세우고 행진하는 한, 하나님께서 주시는 평안을 받아들일 수 없다. 하나님께 저항하기를 멈추어야 한다. 우리의 삶 속에서 하나님을 밀어내려 해서는 안 된다. 싸우기를 멈추어야 한다." 죄를 짓는 것은 반역의 붉은 깃발을 들고 하나님과 싸우는 행진을 하는 것이고, 이렇게 해서는 하나님과 화목할 수 없습니다. 그러므로 죄를 지을 때마다, 아무리 은밀하다 할지라도, 실상은 반역의 붉은 깃발을 높이 쳐들고 하나님의 면전에서 큰소리를 치고 말발굽의 먼지를 일으키며, 하나님을 대항하여 싸우러 나가고 있다는 것을 기억하십시오.

5 하나님은 '두루마리의 저주 환상'에 이어 '에바 속 여인의 환상'을 통하여 자녀인 우리에게 "죄를 척결하라!"고 경고하십니다. 어떻게 하면 우리 속의 죄악을 청산할 수 있을까요? 의지적인 결심도 중요하지만, 죄가 우리 삶에 비집고 들어오지 못하도록 영적인 그물을 치는 것이 중요합니다. 예를 들면 개인적인 큐티, 주일예배 드리기, 규칙적인 다락방 참석, 자녀들과 말씀 암송 등이 우리를 죄에서 보호하는 영적인 그물입니다. 당신은 이런 삶을 실천하고 있습니까?

....

....

....

....

삶의 열매를 거두며

세상살이에서 이런저런 이유로 은밀하게 짓는 죄가 "날아오는 두루마리의 저주"가 되어 올무처럼 우리의 삶을 옥죄고 죄악의 덫에서 신음하게 합니다. 지금 에바 속의 여인처럼 악이 당신 속에 깊이 뿌리내리게 하고 있지는 않습니까? 더 이상 죄의 유혹에 사로잡히지 않고 우리 속에 뿌리내린 죄를 끊어낼 수 있도록 성령님의 도우심을 구하는 기도를 드립시다.

심판의 날을 준비하라

스가랴 6:1-8

1 내가 또 눈을 들어 본즉 네 병거가 두 산 사이에서 나오는데 그 산은 구리 산이 더라

2 첫째 병거는 붉은 말들이, 둘째 병거는 검은 말들이,

3 셋째 병거는 흰 말들이, 넷째 병거는 어룽지고 건장한 말들이 메었는지라

4 내가 내게 말하는 천사에게 물어 이르되 내 주여 이것들이 무엇이니이까 하니

5 천사가 대답하여 이르되 이는 하늘의 네 바람인데 온 세상의 주 앞에 서 있다 가 나가는 것이라 하더라

6 검은 말은 북쪽 땅으로 나가고 흰 말은 그 뒤를 따르고 어룽진 말은 남쪽 땅으 로 나가고

7 건장한 말은 나가서 땅에 두루 다니고자 하니 그가 이르되 너희는 여기서 나가 서 땅에 두루 다니라 하매 곧 땅에 두루 다니더라

8 그가 내게 외쳐 말하여 이르되 북쪽으로 나간 자들이 북쪽에서 내 영을 쉬게 하였느니라 하더라

마음의 문을 열며

피조물인 인간은 내일 일은 고사하고 오늘 하루 동안에도 무슨 일이 일어날지 알 수 없는 존재입니다. 성경은 말씀합니다. "너는 내일 일을 자랑하지 말라 하루 동안에 무슨 일이 일어날는지 네가 알 수 없음이니라"(잠 27:1). 그래서 사람들은 알 수 없는 미래에 대한 두려움과 불안 때문에 미래의 안전을 보장할 재물을 쌓는 것에 과도하게 집착하거나 또는 미래를 알려준다는 용한 점집을 찾기도 합니다.

창조주 하나님을 "아빠 아버지"로 모신 당신은 어떻습니까? 그리스도인은 현재의 삶이 어떠하든 앞으로 맞이할 삶이 어떠하든, 마지막에 우리를 기다리는 것은 '영원한 영광'임(고후 4:17)을 알고 있기에 불안 대신 감사로, 절망 대신 소망으로 하루하루를 살아갈 수 있습니다. 미래의 불안은 결코 그리스도인의 몫이 아닙니다.

하나님은 인간 역사의 비밀스러운 커튼을 열어 장차 일어날 장엄하고도 놀라운 현장을 오늘 말씀 속에서 보여줍니다. 이를 통해 미래의 심판은 하나님 손에 맡기고, 우리의 매일은 주님 중심의 삶을 사는 동력을 얻는 시간이 되기를 바랍니다.

말씀의 씨를 뿌리며

1 스가랴는 여덟 번째 마지막 환상에서 네 병거 환상을 보았습니다. 네 병거가 누구의 명령으로, 무엇을 하기 위해 사방으로 떠났는지 다음 구절을 읽고 말해보세요.

· 5절

· 사 66:15

2 8절의 말씀을 현대인의 성경은 이렇게 번역합니다. "그때 여호와께서 나를 부르시며 '북쪽으로 간 자들이 내 노여움을 가라앉혔다' 하고 말씀하셨다." 북쪽으로 간 자들로 인해 여호와의 마음이 시원케 된 이유는, 하나님을 대적하는 북방의 바벨론이 철저하게 심판을 받았기 때문입니다. 이를 통해 하나님께서 그의 백성들에게 의도하신 것은 무엇입니까?

· 슥 6:15a

- 슥 2:6-7

- 사 43:5-6

3 신비하고 놀라운 '네 병거 환상'의 핵심은 "심판은 하나님께, 우리는 주
님 중심의 삶으로"라는 말로 정리할 수 있습니다. 이 땅에 사는 그리스
도인이 마귀에 의해 조종되는 세상으로부터 적대적인 공격을 받는 것
은 이상한 일이 아닙니다. 그러므로 심판은 하나님께 맡기고 우리는 주
님 중심의 삶을 사는 데 전력해야 합니다. 사도 바울은 이 진리에 대해
어떻게 말했습니까? 이것이 신앙인의 삶에서 의미하는 바를 풀어서 말
해보세요.

- 살후 1:6

- 딤후 4:14

4 다음 글을 읽고 주님과 함께 미래의 문을 열며, 매일을 믿음으로 걸어 가는 삶에 대해서 묵상해보세요.

'하나님께서 우리의 모든 미래를 알고 계신다면, 왜 하나님은 우리의 앞날에 대해서 자세하게 보여주시지 않는가?' 하나님께서 미래를 통치하시고, 우리 개인의 앞날까지도 훤히 아시고 인도하시지만, 우리 앞날에 펼쳐질 일을 자세하게 보여주시지 않는 이유가 무엇일까요? 아담의 죄로 인해 부패한 이 세상에서 하나님을 의지하고 믿음으로 하루하루 걸어가는 것이 축복임을 아시기 때문입니다.

아버지가 자녀를 데리고 산을 오릅니다. 그런데 산길에는 이런 저런 장애물이 있고, 때로는 위험도 도사리고 있습니다. 어떤 자녀가 아버지의 마음을 흡족하게 할까요? 눈에 보이는 것이 두려워서 '산을 오르지 않겠다'라고 말하는 자녀도, 혹은 이런 것들은 '내 힘으로 할 수 있다'라며 마음대로 길을 가는 자녀도 아닙니다. 위험한 길에서는 아버지의 손을 꼭 잡고 가는 자녀, 장애물을 만날 때는 아버지가 자신을 도와줄 것이라는 믿음으로 길을 걸어가는 자녀가 아버지의 마음을 흡족하게 할 것입니다.

하나님은 인생길에서 문제와 장애물을 만날 때 하나님의 손을 꼭 잡고 걷는 자녀, 어떤 어려운 일을 만날 때도 하나님께서 나와 함께 하시며 인도하실 것이라는 믿음으로 걸어가는 자녀를 원하십니다. 한마디로 하나님께서 우리의 미래를 다 펼쳐 보이지 않는 것은, 우리가 하나님의 손을 붙잡고 믿음으로 걸어가는 것이 복임을 알고 그렇게 살아가기를 원하시기 때문입니다.

5 '당신의 미래는 무엇으로 준비되고 있습니까?' '당신은 미래를 위해 무엇을 준비하고 있습니까?' 세상 사람들이 미래에 대해서 던지는 질문들입니다. 세상 사람들의 대답은 한 가지입니다. '돈과 건강으로 미래를 준비하고, 삶의 평안과 행복을 위해 준비하고 있다.' 그러나 그리스도인은 '하나님만이 미래를 아시고 심판하신다'는 역사관을 가지고 있기 때문에 세상의 대답과는 완전히 다른 대답을 합니다. 그리스도인이 가져야 할 바른 역사관이 당신의 미래를 준비하는 데 실제적으로 영향을 미치고 있습니까?

....

....

....

....

삶의 열매를 거두며

기독교는 정반합의 유물론적 역사관도 아니고, 타종교가 말하는 윤회의 역사관도 아닌, 역사의 알파 포인트와 오메가 포인트가 분명한 심판의 역사관을 가지고 있습니다. 우리가 이 땅에서 억울한 일을 당해도 사도 바울처럼 견딜 수 있는 것은 종국에 하나님께서 심판하신다는 믿음 때문입니다. '주인이 돌아오면 모든 것이 정리된다'가 기독교 역사관의 핵심입니다. 우리가 세상의 역사관에 휘둘리지 않고, 심판은 하나님께 있다는 종말론적 역사관을 가지고 살아갈 수 있도록 성령님의 도우심을 구하는 기도를 드립시다.

메시아의 대관식

스가랴 6:9-15

9 여호와의 말씀이 내게 임하여 이르시되

10 사로잡힌 자 가운데 바벨론에서부터 돌아온 헬대와 도비야와 여다야가 스바냐
의 아들 요시아의 집에 들어갔나니 너는 이 날에 그 집에 들어가서 그들에게서
받되

11 은과 금을 받아 면류관을 만들어 여호사닥의 아들 대제사장 여호수아의 머리
에 씌우고

12 말하여 이르기를 만군의 여호와께서 이같이 말씀하시되 보라 싹이라 이름하는
사람이 자기 곳에서 돋아나서 여호와의 전을 건축하리라

13 그가 여호와의 전을 건축하고 영광도 얻고 그 자리에 앉아서 다스릴 것이요 또
제사장이 자기 자리에 있으리니 이 둘 사이에 평화의 의논이 있으리라 하셨다
하고

14 그 면류관은 헬렘과 도비야와 여다야와 스바냐의 아들 헨을 기념하기 위하여
여호와의 전 안에 두라 하시니라

15 먼 데 사람들이 와서 여호와의 전을 건축하리니 만군의 여호와께서 나를 너희
에게 보내신 줄을 너희가 알리라 너희가 만일 너희의 하나님 여호와의 말씀을
들을진대 이같이 되리라

마음의 문을 열며

대관식은 권위와 위엄의 상징입니다. 중세 유럽에서 왕관을 머리에 쓰는 대관식을 치르지 않은 왕은 왕권을 인정받지 못했습니다. 특별히 전쟁이 끝나고 모든 상황이 평정된 후에 왕의 대관식은 성대하게 거행되었습니다. 제대로 된 대관식은 세상을 안정시키고 사람들에게 평안을 주기 때문입니다.

지상 최대의 대관식은 예수님의 대관식입니다. 예수님께서 공생애를 시작하시기 전에 요한에게 세례를 받고 물에서 올라오실 때 하늘이 갈라지고 성령이 비둘기같이 예수님에게 임했습니다. 그리고 하늘에서 음성이 들렸습니다. "너는 내 사랑하는 아들이라 내가 너를 기뻐하노라"(막 1:11) 하나님께서 예수님이 우리의 왕 되심을 선포하는 우주적인 대관식의 현장입니다.

그리스도인은 왕의 대관식에 참여할 뿐 아니라, 면류관을 쓰는 사람들입니다. 초라한 인생이 왕의 면류관을 쓰는 인생을 산다는 것이 얼마나 놀랍고 감사한지요!

오늘 말씀을 통해서 인류의 대제사장이시며 만왕의 왕으로서 면류관을 쓰신 주님을 목도하고, 믿는 자가 어떻게 고귀한 면류관을 쓰는 인생을 살 것인지 배울 것입니다. 부족한 인생이라도 예수님을 구주로 믿는 사실 때문에 영광스러운 면류관에 걸맞은 삶을 살기로 결심하는 시간이 되기를 바랍니다.

말씀의 씨를 뿌리며

1 여덟 가지 환상이 끝나고 이제 스가랴에게 하나님의 직접적인 계시의 말씀이 임하고 있습니다. 하나님께서 스가랴에게 명하신 것을 살펴보고, 이것이 놀라운 이유를 말해보세요.

· 10-11절

....

....

....

· 대하 26:18-19

....

....

....

....

2 대제사장인 여호수아에게 면류관을 씌우는 것은 왕직과 대제사장직을 겸한 그리스도에게 면류관을 드리는 것을 예표하고 있습니다. 본문은 면류관을 쓰신 예수님을 어떤 분으로 묘사하고 있습니까?

· 12-13절

....

....

....

....

3 하나님은 여호수아에게 면류관을 씌우라는 명령을 하신 후, 스가랴에게 그 면류관을 여호와의 전 안에 두라고 말씀하십니다(14절). 면류관을 지키는 것은, 성전 안에 있는 면류관을 보면서 장차 오실 대제사장이자 왕이신 메시아 예수님을 기대하고 다음 세대에게 믿음을 계승하라는 의미를 담고 있습니다. 모든 믿는 자는 면류관을 지키는 삶을 살아야 합니다. 면류관을 지키는 삶을 사는 것은 왕의 대관식에 비견될 만큼의 무게를 가지며 영광스럽고 고귀합니다. 다음 구절을 통해서 확인해보세요.

- 롬 11:13

- 고후 3:8-9

4 다음 글을 읽고 믿는 자가 이 땅에서 왕 같은 제사장으로서 면류관을 쓰고 살아간다는 것이 어떤 의미인지 묵상해보세요.

A. W. 토저 목사님의 말입니다. "우리는 제사장인데 그냥 제사장이 아니라 왕의 혈통에 속하는 제사장이다. 구약의 제사장들은 왕의 혈통에 속하는 제사장이 아니었다. 그러나 신약 시대의 그리스도인은 만왕의 왕 되신 예수 그리스도를 통해 하나님의 자녀로 다시 태어났기 때문에 왕의 혈통에 속하는 제사장이다. 당신 자신이 왕의 혈통에 속한 제사장이라는 것을 분명히 알라. 세상이 무엇이라고 말하든, 심리학 서적들이 무엇이라고 말하든 그런 것들에 속지 말라."

경건한 삶은 세상에서 웃음거리가 되고, 성경의 가르침을 따르는 노력은 친구나 사회의 조롱거리가 되고 있습니다. 지금 이 세상은 세속의 우상들을 섬기지 않는 자들에게 뜨거운 용광로를 준비하고 있습니다. 이 용광로는 예수님을 닮으려는 자들에 대한 빈정거림과 무시와 따돌림이라는 화덕입니다. 그러나 이런 세상의 비난을 이상하게 여기지 말기를 바랍니다. 한 번 태어난 사람은 두 번 태어난 사람들에게 본능적으로 적대적인 태도를 취하기 때문입니다. 왕의 혈통에 속한 제사장인 우리는 세상 위협이나 압력에 맞서는 영적인 기백이 있어야 합니다. 유다서를 다시 읽어보십시오. "사랑하는 자들아 너희는 너희의 지극히 거룩한 믿음 위에 자신을 세우며 성령으로 기도하며 하나님의 사랑 안에서 자신을 지키며 영생에 이르도록 우리 주 예수 그리스도의 긍휼을 기다리라…또 어떤 자를 불에서 끌어내서 구원하라"(유 1:20-23). 이것이 왕의 혈통에 속한 제사장인 우리가 이 세상을 사는 법입니다.

5 믿는 자가 왕의 아들로서 품위와 인격을 가지고 사는 길이 있습니다. 헬대와 도비야와 여다야와 요시아가 은과 금으로 면류관을 만들어 드리는 것처럼, 우리가 가진 가장 값진 것으로 예수님께 면류관을 올려드리는 대관식의 은혜를 체험하는 것입니다. 오늘날 예수님께 면류관을 올려드리는 영적 대관식은 예배입니다. 주일마다 우리의 헌신으로 예수님께 면류관을 올려드리는 영적 대관식의 은혜를 체험한다면, 우리의 영이 살고 자신은 물론 가정과 공동체에 생명의 역사가 일어날 것입니다. 주일예배가 영광스러운 영적 대관식이 될 수 있도록 당신은 진심으로 준비하여 참여하고 있습니까?

삶의 열매를 거두며

오늘 다락방의 주제는 "나는 주님께 면류관을 올려드리고 있는가?"라는 질문으로 정리할 수 있습니다. 매 주일 예배를 통해 영광스러운 대관식에 참여하는 성도의 삶은 세상적인 즐거움을 전부로 살아가는 사람들과 같을 수 없습니다. 그럼에도 지금 우리의 삶은 주님께 면류관을 드리는 삶과는 거리가 먼 경우가 많습니다. 하나님은 우리를 "나의 기쁨이요 면류관인 사랑하는 자들"이라고 부르십니다. 이 호칭에 진정으로 걸맞은 삶을 살 수 있도록 성령님의 도우심을 구하는 기도를 드립시다.

Lesson 13

누구를 위한 금식인가?

스가랴 7:1-14

1 다리오 왕 제사년 아홉째 달 곧 기슬래월 사일에 여호와의 말씀이 스가랴에게 임하니라

2 그 때에 벧엘 사람이 사레셀과 레겜멜렉과 그의 부하들을 보내어 여호와께 은혜를 구하고

3 만군의 여호와의 전에 있는 제사장들과 선지자들에게 물어 이르되 내가 여러 해 동안 행한 대로 오월 중에 울며 근신하리이까 하매

4 만군의 여호와의 말씀이 내게 임하여 이르시되

5 온 땅의 백성과 제사장들에게 이르라 너희가 칠십 년 동안 다섯째 달과 일곱째 달에 금식하고 애통하였거니와 그 금식이 나를 위하여, 나를 위하여 한 것이냐

6 너희가 먹고 마실 때에 그것은 너희를 위하여 먹고 너희를 위하여 마시는 것이 아니냐

7 예루살렘과 사면 성읍에 백성이 평온히 거주하며 남방과 평원에 사람이 거주할 때에 여호와가 옛 선지자들을 통하여 외친 말씀이 있지 않으냐 하시니라

8 여호와의 말씀이 스가랴에게 임하여 이르시되

9 만군의 여호와가 이같이 말하여 이르시기를 너희는 진실한 재판을 행하며 서로 인애와 긍휼을 베풀며

10 과부와 고아와 나그네와 궁핍한 자를 압제하지 말며 서로 해하려고 마음에 도모하지 말라 하였으나

11 그들이 듣기를 싫어하여 등을 돌리며 듣지 아니하려고 귀를 막으며

12 그 마음을 금강석 같게 하여 율법과 만군의 여호와가 그의 영으로 옛 선지자들을 통하여 전한 말을 듣지 아니하므로 큰 진노가 만군의 여호와께로부터 나왔도다

13 내가 불러도 그들이 듣지 아니한 것처럼 그들이 불러도 내가 듣지 아니하리라 만군의 여호와가 말하였느니라

14 내가 그들을 바람으로 불어 알지 못하던 여러 나라에 흩었느니라 그 후에 이 땅이 황폐하여 오고 가는 사람이 없었나니 이는 그들이 아름다운 땅을 황폐하게 하였음이니라 하시니라

마음의 문을 열며

세상은 갈수록 물질적 풍요가 넘칩니다. 우리의 영혼도 점점 더 세상의 것으로 채워지고 있습니다. 그 결과 영혼이 비만해져 하나님이 원하시는 것에는 둔감해지고 세상의 즐거움에 점점 중독되고 있습니다. 이러한 흐름을 그대로 두면 머지않아 우리는 하나님의 음성에는 귀를 막고 세상의 속삭임에 귀를 여는 21세기 가인으로 전락하게 될 것입니다.

세상에 중독된 체질을 해독하고 우리 영혼이 하나님께 예민해지기 위한 길 중의 하나는 금식입니다. 참된 금식은 우리로 하여금 하나님의 영을 갈망하게 합니다. 또한 우리 내면에서 잡초처럼 자라는 사탄의 위세를 꺾으며, 우리 마음밭을 하나님의 말씀이 자라는 토양으로 기경해줍니다.

오늘 말씀 속에서 우리에게 요구되는 진정한 금식이 무엇이며, 왜 21세기 첨단 디지털 시대에 금식을 통해서 우리 마음이 하나님의 마음에 합해질 수 있는지 살펴봅시다. 그리하여 진정한 금식을 통해 참된 예배의 자리로 나아가는 시간이 되기를 바랍니다.

말씀의 씨를 뿌리며

1 남 유다 백성은 바벨론 포로 기간 동안에 예루살렘 성전이 파괴된 날을 기억하며 매년 5월에 금식을 했습니다. 그런데 예루살렘 성전이 재건 되고 있는 상황에서 이러한 금식을 계속하는 것이 마땅한가 의문을 가 졌습니다. 그래서 벧엘 사람들이 제사장과 선지자들에게 "여러 해 동 안 행한대로 오월 중에 행하는 금식을 계속해야 합니까?"라고 질문했 습니다. 여기에 여호와 하나님께서 어떻게 대답하십니까?

· 5-6절

2 금식에 대한 질문과 이에 대한 하나님의 대답은 마치 동문서답처럼 들 립니다. "금식을 계속해야 하나요?"라는 질문에 하나님은 "하라" 혹은 "하지 말라"고 대답하시지 않고, 오히려 거꾸로 질문을 하십니다. 하나 님의 질문은 겉으로 드러난 금식보다 더 중요한 것이 있다고 말씀합니 다. 그것은 무엇입니까?

· 9-10절

· 사 58:6-7

3 참된 금식의 본질은 하나님의 말씀에 순종하는 것입니다. 이스라엘 백성들이 하나님의 말씀에 순종하지 않음으로 하나님의 큰 진노가 임하였고, 이로 인해 그들은 멸망했습니다. 구약의 참된 금식은 신약의 참된 예배로 연결됩니다. 이 사실을 오늘 본문의 신약적 재해석인 누가복음 18장 11-13절과 비교하여 살펴보고, 참된 예배를 말씀하는 다음 구절을 서로 연결해보세요.

요 4:24 •	• 감사함으로 드리는 예배
빌 2:10-11 •	• 아름답고 거룩한 것으로 드리는 예배
시 100:4 •	• 하나님의 영광으로 가득한 예배
시 96:9 •	• 성령과 진리로 드리는 예배

4 다음 글을 읽고 참된 금식을 위해 육신적인 금식이 필요한 이유를 묵상해보세요.

종교 개혁자 마틴 루터는 배부른 몸으로는 하나님을 섬길 수 없다고 말했습니다. "몸을 다스리고 절제하기 위해 자주 금식하는 것은 옳은 일이다. 배부른 몸은 설교에도, 기도에도, 연구에도, 어떤 선행에도 도움이 안 된다. 그 상태로는 하나님의 말씀이 우리 안에 거할 수가 없다."

칼빈은 우리가 금식하는 목적을 이렇게 말합니다. "거룩하고 적법한 금식에는 세 가지 목표가 있다. 하나는 육신이 제멋대로 굴지 않도록 육신을 다스리고 약화시키기 위해서이다. 또 하나는 기도와 거룩한 묵상에 대해 더 잘 준비되기 때문이다. 마지막으로 하나님께 죄를 자백할 때 그분 앞에서 자신을 낮추기 위해서이다."

19세기 아프리카의 성자요, 기도의 사람이었던 앤드류 머레이는 우리가 일상에서 왜 금식을 해야 하는지 이렇게 말했습니다. "기도가 보이지 않는 것을 잡는 오른손이라면, 금식은 보이는 것을 버리는 왼손이다." 금식은 영혼을 예민하게 하여 하나님이 원하시는 것은 취하고, 원치 않으시는 것은 버리게 하는 거룩한 도구라는 사실을 잘 보여주고 있습니다.

5 하나님의 마음에 합한 금식은 그 속에 참된 예배가 있습니다. 바리새인처럼 자신을 높이는 것이 아니라, 하나님이 높아지고 하나님께서 영광을 받으시는 것이 금식의 본질입니다. 참된 금식은 21세기의 물질주의적, 무신론적 중병을 치료하는 하나님의 강력한 처방책입니다. 당신은 하나님을 만나기 위해, 하나님께 나아가는 것을 가로막는 세상적인 소욕을 끊어 내기 위해 간절하게 금식해본 적이 있습니까? 금식을 통해서 하나님을 더 높이고 영광스럽게 하는 참된 예배를 경험한 적이 있다면 나눠보세요.

....

....

....

....

....

삶의 열매를 거두며

외형적인 금식은 율법주의와 통하고, 참된 금식은 예배와 통합니다. 우리가 일상에서 꼭 음식을 금하지 않더라도, 세상을 향한 창문을 닫고 하나님만 바라보는 시간과 장소를 갖는 것은 참으로 소중한 일입니다. 금식을 통해 얻는 복은 일상이 예배로 연결된다는 것입니다. 주중에 가인처럼 살면서 주일에 아벨처럼 예배를 드릴 수는 없습니다. 반대로 주일에 아벨처럼 예배를 드리지 못하면 주중에 아벨처럼 살 수 없습니다. 늘 우리의 마음이 세상의 것으로 가득 채워져 비둔해지지 않고, 금식을 통해 하나님의 말씀에 갈급할 수 있도록 성령님의 도우심을 구하는 기도를 드립시다.

돌아오면 회복된다

스가랴 8:1-8

1 만군의 여호와의 말씀이 임하여 이르시되

2 만군의 여호와가 이같이 말하노라 내가 시온을 위하여 크게 질투하며 그를 위하여 크게 분노함으로 질투하노라

3 여호와가 이같이 말하노라 내가 시온에 돌아와 예루살렘 가운데에 거하리니 예루살렘은 진리의 성읍이라 일컫겠고 만군의 여호와의 산은 성산이라 일컫게 되리라

4 만군의 여호와가 이같이 말하노라 예루살렘 길거리에 늙은 남자들과 늙은 여자들이 다시 앉을 것이라 다 나이가 많으므로 저마다 손에 지팡이를 잡을 것이요

5 그 성읍 거리에 소년과 소녀들이 가득하여 거기에서 뛰놀리라

6 만군의 여호와가 이같이 말하노라 이 일이 그 날에 남은 백성의 눈에는 기이하려니와 내 눈에야 어찌 기이하겠느냐

7 만군의 여호와의 말이니라 만군의 여호와가 이같이 말하노라 보라, 내가 내 백성을 해가 뜨는 땅과 해가 지는 땅에서부터 구원하여 내고

8 인도하여다가 예루살렘 가운데에 거주하게 하리니 그들은 내 백성이 되고 나는 진리와 공의로 그들의 하나님이 되리라

마음의 문을 열며

관성의 법칙이 있습니다. 모든 물체는 외부에서 힘이 작용하지 않으면 자기 상태를 그대로 유지하려는 속성을 가집니다. 죄에도 탐욕에도 관성이 있습니다. 바늘구멍 같은 작은 죄의 틈을 그냥 내버려두면 어느새 한 인생을 통째로 삼키는 큰 구멍이 됩니다.

그런데 그리스도인에게는 죄의 관성을 뒤집는 힘이 있습니다. 하나님의 거룩한 질투입니다. 우리에게 하나님보다 더 사랑하는 것이 있어 그것에 우리 마음이 뿌리내리고 있다면, 하나님은 우리를 위하여 크게 분노함으로 질투하십니다.

당신은 하나님이 기뻐하시는 것으로부터 멀어질 때 하나님의 시기와 질투를 느껴본 적이 있습니까? "성령이 시기하기까지 사모한다"(약 4:5)라는 말씀이 정수리에서 발끝까지 천둥처럼 관통한 적이 있습니까? 하나님의 거룩한 질투는 우리를 회복시키는 힘입니다.

오늘 말씀 속에서 우리의 현재 상태와 처지가 어떠하든 우리를 다시 하나님이 원하시는 신앙의 궤도로 회복시키는 하나님의 질투에 가슴이 뜨거워지며, 우리를 너무나 사랑하시는 그 사랑에 감읍하여 죄에서 돌이켜 회복의 문으로 들어가는 시간이 되기 바랍니다.

말씀의 씨를 뿌리며

1 스가랴 8장에는 "만군의 여호와가 말하노라"는 어구가 열 번 반복됩니다. 세상 나라에서 왕의 말은 법이 되고 국가의 기준이 되는 것처럼, 만왕의 왕 되신 만군의 여호와의 말씀은 우주의 법이 되고, 삼라만상의 기준이 됩니다. 다음 구절을 통해 만군의 여호와의 특성을 살펴보고, 만군의 여호와가 시온을 위해서 어떻게 행하시는지 찾아보세요.

• 2절

• 사 31:4-5

• 렘 32:18

• 시 46:7

2 우리 하나님은 자기 백성이 하나님보다 다른 것을 더 사랑하는 것을 견디지 못하십니다. 하나님은 그분의 자녀인 우리가 대적으로부터 수치와 모욕당하는 것을 참지 못하십니다. 하나님은 우리가 사망의 골짜기에 있을 때조차 반드시 우리를 건져내시고 우리가 있어야 할 자리로 회

복시키십니다. 이 모든 것을 이루는 힘은 하나님의 거룩한 질투입니다. 다음 구절에서 하나님의 질투의 이유와 성격을 정리해보고, 하나님의 질투가 어떤 행동으로 나타나는지 찾아보세요.

- 3절

- 신 4:24

- 신 32:21

- 약 4:5

3 하나님의 거룩한 질투를 통하여 회복되는 것들은 무엇입니까?

- 슥 8:4-6

- 슥 8:7-8

4 8장에서 열 번이나 반복되는 "만군의 여호와가 말하노라"의 핵심은 우주의 왕 되시는 하나님의 말씀의 권능, 곧 언약의 권세에 있습니다. 다음 글에서 하나님의 언약은 영원불변하다는 것과 언약의 목적은 그 백성의 회복이며, 참된 회복은 결국 기쁨으로 나타난다는 사실을 묵상해 보세요.

> 하나님의 언약은 영원하고(창 9:16), 하나님의 말씀은 영원합니다(마 24:35). 이런 이유 때문에, 목회자이며 신학자인 R. C. 스프로울은 "이 세상에서 가장 어리석은 것은 영원불변하신 하나님의 약속을 신뢰하지 않는 것이다"라고 말합니다. 이 세상에서 가장 지혜롭게 사는 것은 변하는 세상의 논리나 이론이 아닌 변치 않는 하나님의 언약을 의지하며 사는 것입니다.
>
> 스프로울은 언약을 "철회할 수 없는 하나님의 은혜"라고 불렀고, 19세기 아프리카의 성자로 불렸던 앤드류 머레이는 "하나님과 나를 묶는 띠"라고 했습니다. 한 번 찍으면 결코 철회할 수 없는 왕의 국새처럼, 하나님의 언약은 만유의 왕이 친 은혜의 인장이요, 하나님과 그분의 자녀를 하나로 묶어 세상 그 무엇으로도 끊을 수 없고 풀 수도 없는 영원한 띠라고 할 수 있습니다.
>
> 하나님께서 예수님의 언약의 피를 증거로 어떤 경우에도 철회할 없는 은혜의 도장을 우리 속에 찍으시고, 무엇으로도 끊을 수 없는 띠로 하나님과 우리를 묶으신 이유는 무엇입니까?
>
> 첫째는 우리를 회복시키기 위해서입니다. 죄로 인해 상처와 문제가 가득한 우리를 하나님께서 주시는 선한 것들을 품을 수 있는 상태로 온전하게 회복시켜 하나님의 뜻을 행할 수 있게 하십니다. 둘째는 하나님이 기뻐하시는 일을 우리 속에서 행하시기 위해서입니다(히 13:20-21).

5 성령님이 우리를 질투하기까지 사랑하는 이유는 우리가 하나님의 백성으로서 정말 제대로 살도록, 복음의 궤도에서 이탈하지 않고 하나님이 베풀어 주신 복된 길로 행하도록 하기 위해서입니다. 하나님의 거룩한 질투에서 자기 양 떼를 목숨 걸고 사랑하는 목자의 애끓는 심정을 느끼고 있습니까? 당신의 삶에 하나님의 질투를 일으키는 우상은 없습니까? 당신의 삶에서 하나님보다 더 사랑하고 더 몰두하는 것을 제거하기 위한 결심을 말해보세요.

삶의 열매를 거두며

좋으신 하나님은 오늘도 우리 마음이 하나님 아닌 다른 것을 향할 때 견디지 못하고 거룩한 질투를 하시며, 어떻게든지 우리를 돌이켜 마땅히 있어야 할 곳으로 회복시키기를 간절히 원하십니다. 그럼에도 세상은 강력한 자석처럼 우리를 끌어당겨 우리의 발이 하나님께로 향하지 못하도록 유혹하고 위협합니다. 우리의 마음이 불붙듯 세상으로 향할 때, 하나님의 애끓는 질투, 우리를 향한 애끓는 목자의 심정을 다시 한번 기억하고 돌이킬 수 있도록 성령님의 도우심을 구하는 기도를 드립시다.

남은 자의 기도제목

스가랴 8:9-23

9 만군의 여호와가 이같이 말하노라 만군의 여호와의 집 곧 성전을 건축하려고
그 지대를 쌓던 날에 있었던 선지자들의 입의 말을 이 날에 듣는 너희는 손을
견고히 할지어다

10 이 날 전에는 사람도 삯을 얻지 못하였고 짐승도 삯을 받지 못하였으며 사람이
원수로 말미암아 평안히 출입하지 못하였으나 내가 모든 사람을 서로 풀어 주
게 하였느니라

11 만군의 여호와의 말씀이니라 이제는 내가 이 남은 백성을 대하기를 옛날과 같
이 아니할 것인즉

12 곧 평강의 씨앗을 얻을 것이라 포도나무가 열매를 맺으며 땅이 산물을 내며 하
늘은 이슬을 내리리니 내가 이 남은 백성으로 이 모든 것을 누리게 하리라

13 유다 족속아, 이스라엘 족속아, 너희가 이방인 가운데에서 저주가 되었었으나
이제는 내가 너희를 구원하여 너희가 복이 되게 하리니 두려워하지 말지니라
손을 견고히 할지니라

14 만군의 여호와가 이같이 말하노라 너희 조상들이 나를 격노하게 하였을 때에
내가 그들에게 재앙을 내리기로 뜻하고 뉘우치지 아니하였으나

15 이제 내가 다시 예루살렘과 유다 족속에게 은혜를 베풀기로 뜻하였나니 너희
는 두려워하지 말지니라

16 너희가 행할 일은 이러하니라 너희는 이웃과 더불어 진리를 말하며 너희 성문
에서 진실하고 화평한 재판을 베풀고

17 마음에 서로 해하기를 도모하지 말며 거짓 맹세를 좋아하지 말라 이 모든 일은 내가 미워하는 것이니라 여호와의 말이니라

18 만군의 여호와의 말씀이 내게 임하여 이르시되

19 만군의 여호와가 이같이 말하노라 넷째 달의 금식과 다섯째 달의 금식과 일곱째 달의 금식과 열째 달의 금식이 변하여 유다 족속에게 기쁨과 즐거움과 희락의 절기들이 되리니 오직 너희는 진리와 화평을 사랑할지니라

20 만군의 여호와가 이와 같이 말하노라 다시 여러 백성과 많은 성읍의 주민이 올 것이라

21 이 성읍 주민이 저 성읍에 가서 이르기를 우리가 속히 가서 만군의 여호와를 찾고 여호와께 은혜를 구하자 하면 나도 가겠노라 하겠으며

22 많은 백성과 강대한 나라들이 예루살렘으로 와서 만군의 여호와를 찾고 여호와께 은혜를 구하리라

23 만군의 여호와가 이와 같이 말하노라 그 날에는 말이 다른 이방 백성 열 명이 유다 사람 하나의 옷자락을 잡을 것이라 곧 잡고 말하기를 하나님이 너희와 함께 하심을 들었나니 우리가 너희와 함께 가려 하노라 하리라 하시니라

마음의 문을 열며

"오직 나만 남았거늘 그들이 내 생명을 찾아 **빼앗으려** 하나이다"(왕상 19:10).
패역한 아합 왕 시대에 이스라엘을 우상 천지로 만들었던 이세벨이 선지자
엘리야를 죽이려고 전국을 샅샅이 추적할 때, 엘리야가 하나님께 다급하게
부르짖었던 기도입니다. 엘리야의 부르짖음은, 무신론의 파도가 집채처럼
넘실대고 예수 믿는 것을 적대시하며 위협하는 이 시대에 믿는 자들이 탄식
하는 기도이기도 합니다.

당신은 반기독교적인 문화 속에 홀로 남겨졌다는 생각을 한 적이 있습니
까? 하나님을 조롱하는 문화를 보면서 거룩한 분노가 솟구치고, 눈가에 안
타까움의 눈물이 흐른 경험이 있습니까? 그렇다면 당신은 하나님을 거역
하는 이 시대의 바알에게 무릎 꿇지 않은 남은 자입니다.

오늘 말씀 속에서 하나님을 반역하는 시대에 하나님께서 남겨두신 남은
자의 사명에 눈을 떠, 더 이상 반신앙적 환경과 상황만 탓하며 주저앉아 있
지 않고 하나님의 생명 역사에 동참하고자 결단하는 놀라운 은혜에 가슴이
뜨거워지는 시간이 되기를 바랍니다.

말씀의 씨를 뿌리며

1 8장은 하나님과의 수직적인 관계의 회복이 일어날 때 사람들과의 수평적인 관계의 회복이 주어짐을 보여줍니다. 성경적인 회복의 역사는 시간이 흐르면 당연히 주어지는 것이 아니라, 하나님의 때에 하나님의 사람을 통해서 이루어집니다. 사각지대가 없는 통전적인 회복을 위해서 하나님께서 사용하신 사람은 누구입니까?

- 6절

- 11절

- 롬 11:5

2 하나님은 남은 자를 사용하여 "내 백성"에서 "여러 백성", "많은 백성과 강대한 나라들" 그리고 "말이 다른 이방 백성"에까지 회복의 영역을 넓혀 가십니다. 이 사실은 하나님의 백성이 회복되면 이웃도 회복되고 복을 받는 것을 의미합니다. 이를 위해서 남은 자가 해야 하는 것은 무엇입니까?

- 12절

- 21절

- 13절

- 슥 10:2-3

3 남은 자는 영적 추수를 위해서, 그리고 지도자를 위해서 기도해야 합니다. 영적 추수에 눈을 뜨면 우리에게 주어진 자원을 가장 의미 있게 사용할 수 있으며, 지도자를 위해 기도하면 나라의 평안은 물론이요 자신도 지도자가 되는 복을 받게 됩니다. 이것이 남은 자의 기도에 담긴 축복입니다. 그러면 이러한 축복이 계속적으로 확장되고 재생산되기 위해서 남은 자가 드려야 하는 기도는 무엇입니까? 믿음의 세대계승의 관점에서 말해보세요.

- 15절

- 슥 10:8-9

4 다음 글을 읽고 남은 자가 붙들어야 하는 사명과 축복에 대해서 묵상해 보세요.

'남은 자 사상'은 구약시대부터 이스라엘의 역사 속에서 끊임없이 이어져 내려오는 희망의 상징이었습니다. 이스라엘은 국가적으로 하나님을 떠나서 버림을 당한 것처럼 보이는 어두운 시기가 여러 번 있었습니다. 특히 아합 왕 시대는 모든 사람이 하나님을 떠난 것처럼 보였습니다. 선지자 엘리야는 이런 상황에 절망했고, 열왕기상 19장 10절에서 "오직 나만 남았거늘 그들이 내 생명을 찾아 빼앗으려 하나이다"라고 하나님께 부르짖었습니다. 그런데 엘리야의 절망적인 부르짖음에 하나님은 바알에게 무릎 꿇지 아니한 칠천 명을 남겨 두었다고 대답하십니다.

열왕기상 19장의 남은 자에 대해서 사도 바울은 로마서 11장 5절에서 "은혜로 택하심을 따라 남은 자"라고 해석하고 있습니다. 기독교에 대해서 적대적이고 어려운 사회 상황을 돌아보면, 우리역시 '나만 남은 것'처럼 느껴질지 모릅니다.

성경이 말씀하는 남은 자의 특징이 있습니다. "이스라엘의 남은 자는 악을 행하지 아니하며 거짓을 말하지 아니하며 입에 거짓된 혀가 없으며 먹고 누울지라도 그들을 두렵게 할 자가 없으리라"(습 3:13). 그리고 미가서 5장 7절은 남은 자가 받는 축복을 말씀하고 있습니다. "야곱의 남은 자는 많은 백성 가운데 있으리니 그들은 여호와께로부터 내리는 이슬 같고 풀 위에 내리는 단비 같아서 사람을 기다리지 아니하며 인생을 기다리지 아니할 것이며." 하나님께서 은혜로 남겨 주신 자는 마른 땅, 황무한 땅을 적시는 단비가 될 것입니다.

5 아합 왕 시대처럼 하나님을 향해 반역하는 이 시대에 믿는 자에게 요구되는 것은 하나님의 남은 자가 되는 것입니다. 그렇다면 누가 남은 자입니까? 하나님이 주신 언약에 기초한 사명을 붙드는 사람, 사명이 목숨보다 중요하다고 결단하는 사람, 매일매일 영적 은혜의 하루살이가 되어 일상에서 일터에서 사명 받은 자의 삶을 살아가는 사람입니다. 당신은 지금 이 시대에 하나님의 남은 자로서 사명을 붙들고, 가정과 이웃과 사회의 회복을 위해서 남은 자의 기도를 드리고 있습니까? 남은 자의 사명을 감당하기 위해 당신이 실천해야 하는 것은 무엇입니까?

삶의 열매를 거두며

사탄은 날이 갈수록 시대와 사회를 무신론의 고삐로 죄고 사람들이 하나님을 떠나도록 유혹하고 위협합니다. 이럴 때 우리에게 요구되는 것은 세상을 탓하고 나만 남았다고 탄식하는 것이 아니라 사도 바울처럼 나는 '은혜로 택하심을 따라 남은 자'라는 거룩한 결기(決起)를 갖는 것이요, '통곡과 눈물로 간구와 소원을 올려 드리며 기도'하는 것입니다. 집채처럼 넘실대는 무신론의 파도를 우리와 자녀 세대가 능히 돌파할 수 있도록 성령님의 도우심을 구하는 기도를 드립시다.

그들을 왕관의 보석같이 하리니

스가랴 9:1-17

1 여호와의 말씀이 하드락 땅에 내리며 다메섹에 머물리니 사람들과 이스라엘 모든 지파의 눈이 여호와를 우러러봄이니라

2 그 접경한 하맛에도 임하겠고 두로와 시돈에도 임하리니 그들이 매우 지혜로움이니라

3 두로는 자기를 위하여 요새를 건축하며 은을 티끌 같이, 금을 거리의 진흙 같이 쌓았도다

4 주께서 그를 정복하시며 그의 권세를 바다에 쳐넣으시리니 그가 불에 삼켜질지라

5 아스글론이 보고 무서워하며 가사도 심히 아파할 것이며 에그론은 그 소망이 수치가 되므로 역시 그러하리라 가사에는 임금이 끊어질 것이며 아스글론에는 주민이 없을 것이며

6 아스돗에는 잡족이 거주하리라 내가 블레셋 사람의 교만을 끊고

7 그의 입에서 그의 피를, 그의 잇사이에서 그 가증한 것을 제거하리니 그들도 남아서 우리 하나님께로 돌아와서 유다의 한 지도자 같이 되겠고 에그론은 여부스 사람 같이 되리라

8 내가 내 집을 둘러 진을 쳐서 적군을 막아 거기 왕래하지 못하게 할 것이라 포학한 자가 다시는 그 지경으로 지나가지 못하리니 이는 내가 눈으로 친히 봄이니라

9 시온의 딸아 크게 기뻐할지어다 예루살렘의 딸아 즐거이 부를지어다 보라 네

왕이 네게 임하시나니 그는 공의로우시며 구원을 베푸시며 겸손하여서 나귀를 타시나니 나귀의 작은 것 곧 나귀 새끼니라

10 내가 에브라임의 병거와 예루살렘의 말을 끊겠고 전쟁하는 활도 끊으리니 그가 이방 사람에게 화평을 전할 것이요 그의 통치는 바다에서 바다까지 이르고 유브라데 강에서 땅 끝까지 이르리라

11 또 너로 말할진대 네 언약의 피로 말미암아 내가 네 갇힌 자들을 물 없는 구덩이에서 놓았나니

12 갇혀 있으나 소망을 품은 자들아 너희는 요새로 돌아올지니라 내가 오늘도 이르노라 내가 네게 갑절이나 갚을 것이라

13 내가 유다를 당긴 활로 삼고 에브라임을 끼운 화살로 삼았으니 시온아 내가 네 자식들을 일으켜 헬라 자식들을 치게 하며 너를 용사의 칼과 같게 하리라

14 여호와께서 그들 위에 나타나서 그들의 화살을 번개 같이 쏘아내실 것이며 주 여호와께서 나팔을 불게 하시며 남방 회오리바람을 타고 가실 것이라

15 만군의 여호와께서 그들을 호위하시리니 그들이 원수를 삼키며 물맷돌을 밟을 것이며 그들이 피를 마시고 즐거이 부르기를 술 취한 것 같이 할 것인즉 피가 가득한 동이와도 같고 피 묻은 제단 모퉁이와도 같을 것이라

16 이 날에 그들의 하나님 여호와께서 그들을 자기 백성의 양 떼 같이 구원하시리니 그들이 왕관의 보석 같이 여호와의 땅에 빛나리로다

17 그의 형통함과 그의 아름다움이 어찌 그리 큰지 곡식은 청년을, 새 포도주는 처녀를 강건하게 하리라

마음의 문을 열며

언감생심(焉敢生心), 어찌 감히 그런 마음을 먹을 수 있겠냐는 뜻입니다. 세상은 걸인이 왕자의 자리를 탐하는 것과 같은 상황을 빗대어 이런 말을 합니다. 여기에는 사람들이 꿈꾸는 그런 일은 결코 일어날 수 없다는 의미가 담겨 있습니다. 현실 세상 어디에서 왕자가 되는 일이 생겨날 수 있을까요?

그러나 그리스도인은 언감생심의 차원을 뛰어넘는 삶을 사는 존재입니다. 죄인이 의인이 되고 죄수가 왕자가 되는 비현실적이고 불가능한 일이 실제가 되어버린 거룩한 드라마의 주인공이 바로 예수님을 주님으로 믿는 당신입니다. 안타까운 것은 많은 그리스도인이 새로 얻은 왕자의 신분을 망각한 채 여전히 누더기를 걸치고 세상에 구걸하며 살고 있다는 것입니다. '일용할 양식을 위하여 기도하라'고 예수님이 친히 가르쳐 주신 기도를 잊은 채, 세상의 부와 명예와 쾌락을 구걸하며 살고 있지는 않습니까?

본문은 우리를 참으로 놀라운 은혜의 장(場)으로 인도합니다. 절망의 구덩이에 갇힌 자가 자유를 얻고, 이전의 억울함을 회복할 뿐 아니라 오히려 더 큰 갑절의 복을 받으며, 감옥에 갇힌 죄수가 왕관을 쓰는, 하나님만이 만들 수 있는 거룩한 드라마가 펼쳐집니다. 오늘 말씀 속에서 세상이 언감생심 꿈꿀 수 없는 축복의 주인공이 바로 나 자신임을 확인하고 감사하며 새로운 신분에 걸맞은 삶을 살기로 다짐하는 시간이 되기를 바랍니다.

말씀의 씨를 뿌리며

1 하나님을 대적했던 나라와 도시들은 사람들이 보기에 승승장구하는 것 같았지만, 결국은 교만과 우상숭배로 큰 심판을 받게 됩니다. 성경 학자들은 오늘 본문을 알렉산더 대왕의 정복을 예언한 것이라고 봅니다. 다음 구절에서 참 정복자이신 예수님이 세상 정복자와는 어떻게 다른 지 살펴보고, 이 사실을 당신의 말로 풀어서 이야기해보세요

  • 9절

  • 11절

2 세상의 정복자와는 전혀 다른 모습으로 오신 메시아 예수님은 자기 백성과 맺은 언약의 피로써 절망의 구덩이에 갇힌 이들을 끌어내실 뿐 아니라, 갇혀 있지만 소망을 굳건히 품은 자들에게 이전보다 갑절의 복을 주십니다. 이것만으로도 감사할 일인데, 하나님은 이와 비교할 수 없는 더 큰 은혜의 자리로 우리를 인도하십니다. 그것이 무엇입니까?

- 12절

- 16절

  ---

3 하나님은 죄로 절망의 진창에 갇힌 자기 백성을 언약의 피로 구속하실 뿐 아니라, 왕관의 보석같이 빛나게 하시겠다고 말씀합니다. 이 왕관은 권세와 영광을 상징하는 이상의 의미를 담고 있습니다. 다음 구절에서 이 사실을 확인해보고, 하나님께서 그의 백성들이 왕관의 보석같이 빛나게 하시는 이유를 말해보세요.(참고. 레 8:9)

- 13-15절

  ---

4 다음 글을 읽고 하나님은 고난을 통하여 그의 백성들을 왕관의 보석같이 빛나게 하신다는 사실을 묵상해보세요.

종교개혁자 마틴 루터는 "우리가 으깨져 형체가 없어져야만 그리스도의 형상이 우리 안에 이루어져 그리스도만 우리 안에 계시게 될 수 있다"라고 말했습니다. 고난은 우리를 으깨는 과정이며, 이를 통해 우리 속에 있는 하나님을 반역하는 속성이나 세상적 탐욕이 정리되고 주님이 우리 속에서 역사하실 수 있습니다.

고난의 용광로를 지나면서 욥은 "그가 나를 단련하신 후에는 내가 순금같이 되어 나오니라"고 고백했습니다. 고난이 없었다면 여전히 세상의 소유와 세상이 주는 즐거움에 취한 채 자신이 삶의 주인이 되어서 살고 있을지 모릅니다. 그러나 고난은 우리 속에서 켜켜이 쌓여 돌처럼 굳어진 세상의 것들을 부수고 세상의 물질과 소유에 중독된 우리를 으깨어 하나님 나라의 순금으로 쓰임 받게 하는 용광로의 역할을 합니다.

성경에 보면 언뜻 이해하기 어려운 말씀이 있습니다. 히브리서 5장 8-9a절입니다. "그가 아들이시면서도 받으신 고난으로 순종함을 배워서 온전하게 되셨다." 예수님은 저절로 성부 하나님의 뜻에 순종할 것 같지만, 성경은 예수님도 고난을 통해 순종의 의미를 배우고 온전하게 되었다고 말씀합니다. 예수님도 고난을 통해 하나님께 순종함을 배우고, 온전함의 왕관을 쓸 수 있었다면, 우리의 고난 역시 우리를 하나님 앞으로 인도하며, 하나님께 쓰임 받는 빛나는 보석으로 만들 것입니다.

5 하나님께서 절망의 구덩이에 갇혀 있는 우리를 건져 내시고 왕관의 보석 같은 귀한 존재로 삼으신 것은, 우리가 이 땅에 사는 동안 하나님의 거룩한 비밀병기로서 영적인 싸움을 잘 감당하여 더 이상 죄의 포로로 살지 않게 하기 위함입니다. 이를 위해 예수님은 십자가에서 피를 흘리셨습니다. 당신은 하루하루를 세상 시류에 휩쓸려 살고 있지는 않습니까? 어떻게 하면 구별된 하나님의 용사로서 세상의 유혹과 위협에 맞서는 '당긴 활', '끼운 화살', '용사의 칼'이 될 수 있을까요? 이를 위해 지금 당신이 긴급히 해야 할 일을 구체적으로 찾아보고 함께 나눠보세요.

삶의 열매를 거두며

본문을 말씀의 틀에 넣고 짜게 되면 진액이 한 방울 뚝 떨어지는데, 바로 그리스도의 보혈의 피입니다. 예수님의 피가 죄로 인해 절망의 상태에 있는 나를 구하고 왕 되신 하나님의 자녀 되게 하며, 왕관의 보석 같은 존재로 빛나게 했습니다. 그럼에도 세상에 너무 밀착되어 왕관의 보석이 내어야 할 빛을 발하지 못한 채 살고 있다면 우리 속에 계신 성령께서 탄식하실 것입니다. 다시 한번 마음을 새롭게 하여 만왕의 왕 되신 하나님의 자녀의 기세를 가지고 위엄있고 떳떳하게 살아갈 수 있도록 성령님의 도우심을 구하는 기도를 드립시다.

Lesson 17

축복의 봄비

스가랴 10:1-12

1 봄비가 올 때에 여호와 곧 구름을 일게 하시는 여호와께 비를 구하라 무리에게 소낙비를 내려서 밭의 채소를 각 사람에게 주시리라

2 드라빔들은 허탄한 것을 말하며 복술자는 진실하지 않은 것을 보고 거짓 꿈을 말한즉 그 위로가 헛되므로 백성들이 양 같이 유리하며 목자가 없으므로 곤고를 당하나니

3 내가 목자들에게 노를 발하며 내가 숫염소들을 벌하리라 만군의 여호와가 그 무리 곧 유다 족속을 돌보아 그들을 전쟁의 준마와 같게 하리니

4 모퉁잇돌이 그에게서, 말뚝이 그에게서, 싸우는 활이 그에게서, 권세 잡은 자가 다 일제히 그에게서 나와서

5 싸울 때에 용사 같이 거리의 진흙 중에 원수를 밟을 것이라 여호와가 그들과 함께 한즉 그들이 싸워 말 탄 자들을 부끄럽게 하리라

6 내가 유다 족속을 견고하게 하며 요셉 족속을 구원할지라 내가 그들을 긍휼히 여김으로 그들이 돌아오게 하리니 그들은 내가 내버린 일이 없었음 같이 되리라 나는 그들의 하나님 여호와라 내가 그들에게 들으리라

7 에브라임이 용사 같아서 포도주를 마심 같이 마음이 즐거울 것이요 그들의 자손은 보고 기뻐하며 여호와로 말미암아 마음에 즐거워하리라

8 내가 그들을 향하여 휘파람을 불어 그들을 모을 것은 내가 그들을 구속하였음이라 그들이 전에 번성하던 것 같이 번성하리라

9 내가 그들을 여러 백성들 가운데 흩으려니와 그들이 먼 곳에서 나를 기억하고

그들이 살아서 그들의 자녀들과 함께 돌아올지라

10 내가 그들을 애굽 땅에서 돌아오게 하며 그들을 앗수르에서부터 모으며 길르앗 땅과 레바논으로 그들을 이끌어 가리니 그들이 거할 곳이 부족하리라

11 내가 그들이 고난의 바다를 지나갈 때에 바다 물결을 치리니 나일의 깊은 곳이 다 마르겠고 앗수르의 교만이 낮아지겠고 애굽의 규가 없어지리라

12 내가 그들로 나 여호와를 의지하여 견고하게 하리니 그들이 내 이름으로 행하리라 나 여호와의 말이니라

마음의 문을 열며

가뭄으로 바닥이 쩍쩍 갈라질 때 들판 가득히 내리는 단비만큼 소중한 것은 없습니다. 순식간에 천지를 생명의 푸르름으로 가득 채우는 단비는 그리스도인의 영혼을 소생케 하는 은혜의 봄비를 생각나게 합니다. 하나님이 주시는 봄비는 메마른 우리의 심령을 풍족히 적시며, 상처 나고 고통당하는 영혼을 회복시킵니다.

하나님께서 사랑하는 자녀에게 축복의 봄비를 부어 주실 때, 필요한 것은 우리의 마음이 받을 만한 그릇으로 준비되는 것입니다. 마음이 청결하고 뜻을 허탄한 데 두지 않는 그릇(시 24:2), 충성된 그릇(잠 28:20), 하나님을 의지하는 그릇(시 84:12) 그리고 하나님의 말씀에 순종하는 그릇(벧전 1:22a)은 은혜의 봄비로 채워져 은혜의 가도를 달리게 될 것입니다.

우리는 오늘 말씀 속에서 자녀를 향한 하나님의 심정이 담긴 축복의 봄비로 우리 인생이 어떻게 달라지는지 보게 될 것입니다. 이를 통하여 우리의 일평생이 하나님을 더욱 의지하고 견고하게 되는 데 기초석을 쌓는 시간이 되기를 바랍니다.

말씀의 씨를 뿌리며

1 스가랴 10장은 봄비의 은혜로 시작합니다. 이스라엘에서 계절적으로 봄비가 갖는 의미는 무엇인지, 봄비가 곡식을 자라게 하는 자연적인 복을 넘어 하나님의 백성에게 영적인 복이 되는 이유가 무엇인지 찾아보세요.

- 1절

- 신 11:14

- 시 68:9

- 호 6:3

2 하나님은 늦은 비인 봄비를 통해서 한 해 동안 자란 곡식들이 충분히 익을 수 있도록 마지막 수분을 공급하십니다. 이처럼 축복의 봄비는 하늘의 아름답고 풍성한 보고를 열어서 우리에게 주시려는 하나님의 마음을 담고 있습니다. 이 놀라운 봄비를 주시기 위해 하나님께서 우리에게 명하시는 것은 무엇입니까? 그리고 이것이 당신에게 주는 교훈은 무엇인지 말해보세요.

- 1절

....

....

- 약 4:2b

....

....

....

3 봄비의 축복은 삼라만상이 하나님의 장중에 있음을 보여주는 표징이라고 할 수 있습니다. 우주의 모든 것이 하나님의 주권에 속했음을 믿고 하나님을 온전히 의지하는 자에게는 모퉁잇돌, 말뚝, 활, 그리고 권세 잡은 자의 복을 주십니다(4절). 하나님께서 왜 이런 복을 누리게 하시는지, 다음 구절에서 이스라엘의 이전의 상태와 이후의 상태를 살펴보면서 그 이유를 생각해 보세요.

- 8-12절

....

....

....

....

....

4 "비를 구하라"는 명령은 기도하라는 말씀입니다. 다음 글을 읽고 하나님은 항상 우리에게 귀한 것 주시기 원하시지만, 그럼에도 우리가 구해야 하는 이유를 묵상해보세요.

루터가 죽기 직전에 마지막으로 쓴 말은 "우리는 모두 거지다. 그것은 사실이다"였습니다. 그는 이 글을 쓰고 이틀 후에 하나님께 부름 받았습니다. 우리가 거지라는 말은 '우리는 원래 모든 점에서, 모든 측면에서 궁핍하고 파산했으며, 무능하여 하나님께 의존하지 않으면 살 수 없는 존재'라는 의미입니다.

신학자 제임스 패커는 루터의 말을 받아서 "하나님의 보좌 앞에서 우리는 모두 거지이며, 그래서 우리는 모두 마땅히 하나님께 좋은 선물을 구하는 기도를 해야 한다. 기도는 구하는 것, 절실한 필요를 공급해 달라고 비는 것이다. 넓은 의미에서 구하는 것은 기도의 진수이다"라고 했습니다.

요즘 구하는 기도를 저급한 것으로 취급하는 경향이 있습니다. 그러나 제임스 패커는 하나님께 자신의 필요를 간절히 구하는 것이야말로 기도의 기본이요, 기도의 핵심이라고 말합니다. 하나님은 공급자요 우리는 받는 자임을 잊지 말아야 합니다.

웨스트민스터 소요리문답 제98문은 "기도란 무엇인가?"라는 질문에 대해, 가장 먼저 "기도는 우리의 바라는 바를 하나님께 올려 드리는 것이다"라고 말합니다. 기도의 내용도 중요하고, 기도의 태도도 중요하고, 기도의 형식도 중요하지만, 기도에서 가장 중요한 것은 먼저 구하는 것임을 보여주고 있습니다.

5 하나님은 언제나 그분의 자녀들에게 이른 비, 늦은 비를 주셔서 '곡식 과 포도주와 기름'을 공급하기 원하십니다(신 11:14). 창조주 하나님을 아 버지로 부르는 천국 백성들에게 "때를 따라 돕는 은혜를" 주시는 것입 니다. 봄비의 축복을 주시는 하나님을 향해 그의 자녀 된 우리가 마땅 히 해야 할 일이 있습니다. "구해야"(슥 10:1a) 하고, "여호와를 힘써 알 아야"(호 6:3) 하며, "즐겨 순종해야"(사 1:19) 합니다. 당신은 봄비의 은혜 를 누릴 준비가 되어 있습니까? 이를 위한 당신의 각오와 결단을 나눠 보세요.

삶의 열매를 거두며

모든 그리스도인에게는 때를 따라 주시는 봄비의 은혜가 있습니다. 단비가 가뭄으로 메마르고 갈라진 땅을 적셔 생명이 약동하는 옥토로 변화시키듯이, 축복의 봄비는 우리의 깨어지고 상처난 모든 것을 회복시켜 줍니다. 중요한 것은 그릇입니다. 마음이 굽은 그릇(잠 17:20), 마음이 강퍅한 그릇(잠 28:14), 순종하지 않는 그릇(신 11:28)은 하늘로부터 부어지는 은혜를 온전히 담을 수 없습니다. 우리의 마음이 축복의 봄비를 온전히 담을 수 있도록 깨끗한 그릇, 하나님을 경외하는 그릇이 되기 위하여 성령님의 도우심을 구하는 기도를 드립시다.

참 목자상

스가랴 11:1-17

1 레바논아 네 문을 열고 불이 네 백향목을 사르게 하라

2 너 잣나무여 곡할지어다 백향목이 넘어졌고 아름다운 나무들이 쓰러졌음이로다 바산의 상수리나무들아 곡할지어다 무성한 숲이 엎드러졌도다

3 목자들의 곡하는 소리가 남이여 그들의 영화로운 것이 쓰러졌음이로다 어린 사자의 부르짖는 소리가 남이여 이는 요단의 자랑이 쓰러졌음이로다

4 여호와 나의 하나님이 이르시되 너는 잡혀 죽을 양 떼를 먹이라

5 사들인 자들은 그들을 잡아도 죄가 없다 하고 판 자들은 말하기를 내가 부요하게 되었은즉 여호와께 찬송하리라 하고 그들의 목자들은 그들을 불쌍히 여기지 아니하는도다

6 여호와가 말하노라 내가 다시는 이 땅 주민을 불쌍히 여기지 아니하고 그 사람들을 각각 그 이웃의 손과 임금의 손에 넘기리니 그들이 이 땅을 칠지라도 내가 그들의 손에서 건져내지 아니하리라 하시기로

7 내가 잡혀 죽을 양 떼를 먹이니 참으로 가련한 양들이라 내가 막대기 둘을 취하여 하나는 은총이라 하며 하나는 연합이라 하고 양 떼를 먹일새

8 한 달 동안에 내가 그 세 목자를 제거하였으니 이는 내 마음에 그들을 싫어하였고 그들의 마음에도 나를 미워하였음이라

9 내가 이르되 내가 너희를 먹이지 아니하리라 죽는 자는 죽는 대로, 망하는 자는 망하는 대로, 나머지는 서로 살을 먹는 대로 두리라 하고

10 이에 은총이라 하는 막대기를 취하여 꺾었으니 이는 모든 백성들과 세운 언약

을 폐하려 하였음이라

11 당일에 곧 폐하매 내 말을 지키던 가련한 양들은 이것이 여호와의 말씀이었던 줄 안지라

12 내가 그들에게 이르되 너희가 좋게 여기거든 내 품삯을 내게 주고 그렇지 아니하거든 그만두라 그들이 곧 은 삼십 개를 달아서 내 품삯을 삼은지라

13 여호와께서 내게 이르시되 그들이 나를 헤아린 바 그 삯을 토기장이에게 던지라 하시기로 내가 곧 그 은 삼십 개를 여호와의 전에서 토기장이에게 던지고

14 내가 또 연합이라 하는 둘째 막대기를 꺾었으니 이는 유다와 이스라엘 형제의 의리를 끊으려 함이었느니라

15 여호와께서 내게 이르시되 너는 또 어리석은 목자의 기구들을 빼앗을지니라

16 보라 내가 한 목자를 이 땅에 일으키리니 그가 없어진 자를 마음에 두지 아니하며 흩어진 자를 찾지 아니하며 상한 자를 고치지 아니하며 강건한 자를 먹이지 아니하고 오히려 살진 자의 고기를 먹으며 또 그 굽을 찢으리라

17 화 있을진저 양 떼를 버린 못된 목자여 칼이 그의 팔과 오른쪽 눈에 내리리니 그의 팔이 아주 마르고 그의 오른쪽 눈이 아주 멀어 버릴 것이라 하시니라

마음의 문을 열며

나이가 들수록 사람들이 갖는 절실한 소원이 있습니다. 이 땅을 떠나는 순간까지 함께하며, 외로울 때 벗이 되고 슬플 때 위로가 되며, 기쁨을 함께 나눌 수 있는 친구를 곁에 두는 것입니다.

한치 앞도 알 수 없는 인생길을 걸어갈 때, 가장 큰 복은 부귀영화가 아니라 최고의 인생 가이드를 만나는 것입니다. 모든 그리스도인은 참 목자 되시는 예수님으로 인해 이미 이런 복을 누리고 사는 사람입니다. 하지만 우리의 시선이 너무도 세상에 고정되어 있기에 이 놀라운 축복을 내 것으로 누리지 못한 채 안타까운 삶을 사는 그리스도인들이 적지 않습니다.

오늘 말씀 속에서 양을 자신의 먹이로 삼는 거짓 목자와 양을 위해 자기 목숨을 아끼지 않는 참 목자를 만나게 될 것입니다. 이 험하고 거친 세상에서 모든 사람이 나를 떠날 때조차 우리의 손을 꼭 붙잡으시고, 폭풍우가 칠 때면 "암탉이 그 새끼를 날개 아래에 모음 같이" "어린 양을 그 팔로 모아 품에 안으시는" 예수님을 향한 마음을 다시 일깨워 일평생, 어떤 상황에서도 선한 목자 되시는 예수님과 동행할 수 있음에 안도하며 뜨거운 감사를 올려드리는 시간이 되기를 바랍니다.

말씀의 씨를 뿌리며

1 앞 장에서 여호와를 의지하는 자에게 주시는 축복의 봄비를 통한 이스라엘의 회복을 예언했다면, 오늘 본문은 여호와를 거부하는 자들에 대한 심판을 말씀하고 있습니다. 무엇보다 이스라엘 백성을 그릇되게 인도하는 거짓 목자들을 엄히 심판하실 것이라고 말씀합니다. 본문에 나타나는 거짓 목자의 악한 모습은 무엇입니까?(참고. 겔 34:2-4)

• 5절

• 16-17절

----

2 양의 생명은 목자에게 전적으로 달려 있습니다. 거짓 목자를 만나는 양의 운명에 대해 성경은 "잡혀 죽을 양"이라고 표현하고 있습니다. 하나님을 떠나 사탄의 손에 잡힌 자의 비참하고 잔혹한 운명을 생생하게 보여주는 표현입니다. 반면에 선한 목자는 잡혀 죽을 양을 먹이고 살립니다. 다음 구절을 참고하여 7절에 나타난 선한 목자의 특징을 정리해서 말해보세요.

- 7절

....

- 시 16:11

....

- 겔 34:14

....

....

- 마 9:36

....

....

3 스가랴서는 이사야서와 함께 오실 메시아를 너무도 생생하게 보여주는 예언서입니다. 그중에서도 오늘 본문은 예수님이 오시기 500여 년 전에 그분의 오심을 선명하게 드러내고 있습니다. 신약의 말씀과 대조하면서 이 사실을 확인해보고, 예수님이 어떻게 우리의 참 목자가 되시는지 함께 나눠보세요.

- 12-13절

....

....

....

- 마 26:15, 27:9-10

....

....

....

....

• 요 10:14-15

4 다음 글을 읽고. 우리의 참 목자 되시는 예수님에 대해 묵상해 보세요.

스펄전 목사님은 참 목자 되신 예수님을 이렇게 표현하고 있습니다. "예수님은 자신이 양들을 위해 목숨을 버리신 선한 목자(the Good Shepherd)이시고, 죽은 자 가운데서 다시 사신 위대한 목자(the Great Shepherd)이시고, 또한 자기에게 속한 인간의 영혼들을 돌볼 목자를 지명하신 목자장(the Chief Shepherd)이다. 우리가 어떤 파멸의 상태에서도 참 목자이신 예수님께 시선을 집중하면 다시 회복될 수 있는 이유는, 우리 주님은 길을 잃은 양들을 찾으시고 인도하시는 '영혼의 목자와 감독'(the Shepherd and Guardian of your souls)(벧전 2:25)이시기 때문이다." 영혼의 목자라는 독특한 표현은 성도의 영혼을 세상의 공격과 중상모략에서 보호하고 인도하며, 구원하시는 주님의 사역을 잘 표현하고 있습니다. 성도에 대한 그리스도의 쉬지 않는 보호와 자기희생적 사랑을 생생하게 표현하고 있습니다.

예수님이 우리의 참 목자가 되심은 요한복음 10장 14-15절 말씀처럼, 그분이 우리를 인격적으로 알고 우리 이름을 알며, 우리의 가장 큰 필요를 채우기 위해 목숨까지 버리셨기 때문입니다.

5 "우리는 다 양 같아서 그릇 행하여 각기 제 길로 가는" 어리석고 연약한 존재입니다(사 53:6). 양이 사는 길은 목자의 음성을 잘 듣고 그의 곁에 있는 것입니다(요 10:4). 당신은 선한 목자 되시는 예수님의 음성을 잘 듣고 그분을 가까이에서 따르고 있습니까? 지금 당신의 삶에서 예수님의 음성에 귀기울이는 것을 방해하는 것은 무엇이며, 어떻게 하면 주님의 음성을 잘 듣고 그분과 동행할 수 있을지 나눠보세요.

삶의 열매를 거두며

우리 모두는 불순종과 완악함으로 '잡혀 죽을 가련한 양'이었습니다. 그러나 하나님은 사단에게 찢겨 죽게된 우리를 불쌍히 여기시고 참 목자 되시는 예수님을 이 땅에 보내어 대신 죽게 하심으로 "양으로 생명을 얻게 하고 더 풍성히 얻게" 하셨습니다(요 10:10). 이처럼 놀라운 은혜를 받은 그리스도인의 삶은 불신자의 삶과는 결코 같을 수 없습니다. 우리가 구절양장(九折羊腸) 같은 인생길을 걸을 때, 더 이상 죄의 구심력에 빨려들지 않고 어떤 상황에서도 참 목자이신 예수님의 손에 꼭 붙들리는 삶을 살 수 있도록 성령님의 도우심을 구하는 기도를 드립시다.

Lesson 19

여호와의 그날에는

스가랴 12:1-14

1 이스라엘에 관한 여호와의 경고의 말씀이라 여호와 곧 하늘을 펴시며 땅의 터를 세우시며 사람 안에 심령을 지으신 이가 이르시되

2 보라 내가 예루살렘으로 그 사면 모든 민족에게 취하게 하는 잔이 되게 할 것이라 예루살렘이 에워싸일 때에 유다에까지 이르리라

3 그날에는 내가 예루살렘을 모든 민족에게 무거운 돌이 되게 하리니 그것을 드는 모든 자는 크게 상할 것이라 천하만국이 그것을 치려고 모이리라

4 여호와가 말하노라 그날에 내가 모든 말을 쳐서 놀라게 하며 그 탄 자를 쳐서 미치게 하되 유다 족속은 내가 돌보고 모든 민족의 말을 쳐서 눈이 멀게 하리니

5 유다의 우두머리들이 마음속에 이르기를 예루살렘 주민이 그들의 하나님 만군의 여호와로 말미암아 힘을 얻었다 할지라

6 그날에 내가 유다 지도자들을 나무 가운데에 화로 같게 하며 곡식단 사이에 횃불 같게 하리니 그들이 그 좌우에 에워싼 모든 민족들을 불사를 것이요 예루살렘 사람들은 다시 그 본 곳 예루살렘에 살게 되리라

7 여호와가 먼저 유다 장막을 구원하리니 이는 다윗의 집의 영광과 예루살렘 주민의 영광이 유다보다 더하지 못하게 하려 함이니라

8 그날에 여호와가 예루살렘 주민을 보호하리니 그 중에 약한 자가 그날에는 다윗 같겠고 다윗의 족속은 하나님 같고 무리 앞에 있는 여호와의 사자 같을 것이라

9 예루살렘을 치러 오는 이방 나라들을 그날에 내가 멸하기를 힘쓰리라

10 내가 다윗의 집과 예루살렘 주민에게 은총과 간구하는 심령을 부어 주리니 그들이 그 찌른 바 그를 바라보고 그를 위하여 애통하기를 독자를 위하여 애통하듯 하며 그를 위하여 통곡하기를 장자를 위하여 통곡하듯 하리로다

11 그날에 예루살렘에 큰 애통이 있으리니 므깃도 골짜기 하다드림몬에 있던 애통과 같을 것이라

12 온 땅 각 족속이 따로 애통하되 다윗의 족속이 따로 하고 그들의 아내들이 따로 하며 나단의 족속이 따로 하고 그들의 아내들이 따로 하며

13 레위의 족속이 따로 하고 그들의 아내들이 따로 하며 시므이의 족속이 따로 하고 그들의 아내들이 따로 하며

14 모든 남은 족속도 각기 따로 하고 그들의 아내들이 따로 하리라

마음의 문을 열며

성경을 읽을 때 늘 마음에 각성을 일으키는 구절이 있습니다. "노아가 방주에 들어가던 날까지 사람들이 먹고 마시고 장가들고 시집가더니…." 우리가 이 땅에 사는 동안 먹고 마시고 장가들고 시집가는 것은 당연한 일상입니다. 그럼에도 예수님이 이 말씀을 하신 이유는 세상에 취하여 정말 중요한 것을 놓치고 사는 것을 엄히 경고하신 것입니다. 하나님을 떠나 세상사에 몰두하여 사는 삶의 결말은 "…홍수가 나서 그들을 다 멸망시켰으며"입니다. 여호와의 날이 임하면 하나님을 반역하는 모든 것들을 하나님께서 멸할 것입니다(사 13:9).

사탄은 "천지는 없어질지라도 없어지지 않는" 영원한 진리의 말씀에 우리의 눈이 가지 못하도록 세상의 쾌락을 가속화하고, 죄의식을 희미하게 하여 "자기 양심이 화인을 맞아서 외식함으로 거짓말하는 자"로 살아가게 합니다.

오늘 말씀을 통해 죄의 쾌락과 마귀에게 속한 즐거움을 탐하여 하나님을 "찌르며" 살고 있는 자신에 대해 심히 애통해하며, 다시 한번 거룩한 긴장으로 마음의 허리띠를 단단히 조여 매는 시간이 되기를 바랍니다.

말씀의 씨를 뿌리며

1 스가랴 12장부터 14장까지 "그날에는"이라는 어구가 무려 열여섯 번이
나 사용됩니다. 그날은 믿지 않는 자에게는 심판의 날이며, 믿는 자들
에게는 승리의 날입니다. 이 표현은 종말에 대한 하나님의 거룩한 시나
리오를 보여줍니다. 그날이 엄중한 이유는 그날을 말씀하시는 분이 여
호와 하나님이시기 때문입니다. 그날을 말씀하시는 여호와가 누구신지
살펴보고, 그날을 위해 하나님의 백성이 해야 할 것은 무엇인지 찾아보
세요.

- 1절

- 마 24:42

2 여호와의 그날에는 대적이 심판을 받고 하나님의 백성은 구원을 받습
니다. 다음 구절에서 이 사실을 확인해보고, 특별히 여호와의 날이 예
루살렘 주민에게 임할 때 어떤 일이 일어나는지 말해보세요.

- 4-6절

- 8절

3 여호와의 날은 모든 것이 드러나는 날입니다. 이날은 세상 사람들에게는 자신이 행한 모든 것이 만천하에 드러나는 심판의 날이지만, 하나님의 백성에게는 회개와 회복의 날이며, 무엇보다도 하나님의 마음을 아프게 한 행위로 인해 심히 애통함으로 하나님의 자비를 구하는 날입니다. 예루살렘을 통곡의 소리로 가득 채우고 있는 애통의 이유는 무엇이며, 누가 애통하고 있습니까?

- 10절

- 12-14절

4 다음 글을 읽고 대적은 심판하고 그의 백성은 구원하시는 여호와의 날에 대해서 묵상해보세요.

성경은 대적을 패망케 하는 여호와의 날에 대해서 여러 가지로 표현합니다. 여호와의 큰 날(습 1:14), 여호와의 분노의 날(습 1:18), 여호와의 크고 두려운 날(욜 2:31), 진노의 큰 날(계 6:17), 심판과 멸망의 날(벤후 3:7), 용광로 불 같은 날(말 4:1)로 표현하고 있습니다.

하나님을 대적하는 사람들은 하나님의 분노의 날, 진노의 날, 심판과 멸망의 날, 극렬한 용광로 같은 날을 그 누구도 견딜 수 없을 것입니다. 이처럼 하나님을 대적하는 사람들을 반드시 패망시키는 여호와의 날을 한마디로 정리한 것이 스바냐 1장 15절입니다. "그날은 분노의 날이요 환난과 고통의 날이요 황폐와 패망의 날이요 캄캄하고 어두운 날이요 구름과 흑암의 날이요."

그렇다면 여호와를 대적함으로 멸망할 자들은 어떤 자들입니까? 죄인들입니다(사 13:9). 악인과 교만한 자와 강포한 자들입니다(사 13:11). 세상 권세를 장악한 바벨론입니다(사 13:19). 하나님을 대적하는 적그리스도입니다(계 19:20).

5 여호와의 날은 반드시 임합니다. 이것이 오늘 말씀이 주는 가장 분명한 교훈입니다. 여호와의 날이 임하면 하나님을 믿지 않고 거역한 사람들은 뿌리까지 남김없이 심판을 받을 것입니다. 반면에 하나님의 사람들은 참된 애통과 회개를 통해 회복과 구원을 얻을 것입니다. 지금 당신의 삶은 여호와의 날을 준비하며 깨어 있습니까? 혹, 겉은 신앙의 옷을 입고 사는 것 같으나 실제로는 세상 사람들처럼 세속의 물결에 자신을 맡기고 있지는 않습니까? 영적으로 깨어 준비하는 삶을 위해 지금 당신이 할 수 있는 일 목록을 만들어보고, 우선적으로 실천할 것을 서로 나눠보세요.

삶의 열매를 거두며

하나님을 대적하는 모든 민족이 심판을 받는 그날, 예루살렘은 자신의 구원자를 찔렀다는 사실 때문에 애통하는 눈물로 가득했습니다. 이것은 단지 수천 년 전의 역사적 사건으로 끝나는 게 아니라 바로 지금 당신의 삶에서 일어나야 하는 거룩한 애통입니다. 이것은 내 힘만으로는 할 수 없으며, "은총과 간구하는 심령을 부어주실 때" 가능합니다. 하나님께 불충했던 자신을 내어놓고 거룩한 애통으로 심령을 찢으며 하나님께 나아갈 수 있도록 성령님의 도우심을 구하는 기도를 드립시다.

정결함의 회복

스가랴 13:1-9

1 그 날에 죄와 더러움을 씻는 샘이 다윗의 족속과 예루살렘 주민을 위하여 열리리라

2 만군의 여호와가 말하노라 그 날에 내가 우상의 이름을 이 땅에서 끊어서 기억도 되지 못하게 할 것이며 거짓 선지자와 더러운 귀신을 이 땅에서 떠나게 할 것이라

3 사람이 아직도 예언할 것 같으면 그 낳은 부모가 그에게 이르기를 네가 여호와의 이름을 빙자하여 거짓말을 하니 살지 못하리라 하고 낳은 부모가 그가 예언할 때에 칼로 그를 찌르리라

4 그 날에 선지자들이 예언할 때에 그 환상을 각기 부끄러워할 것이며 사람을 속이려고 털옷도 입지 아니할 것이며

5 말하기를 나는 선지자가 아니요 나는 농부라 내가 어려서부터 사람의 종이 되었노라 할 것이요

6 어떤 사람이 그에게 묻기를 네 두 팔 사이에 있는 상처는 어찌 됨이냐 하면 대답하기를 이는 나의 친구의 집에서 받은 상처라 하리라

7 만군의 여호와가 말하노라 칼아 깨어서 내 목자, 내 짝 된 자를 치라 목자를 치면 양이 흩어지려니와 작은 자들 위에는 내가 내 손을 드리우리라

8 여호와가 말하노라 이 온 땅에서 삼분의 이는 멸망하고 삼분의 일은 거기 남으리니

9 내가 그 삼분의 일을 불 가운데에 던져 은 같이 연단하며 금 같이 시험할 것이
라 그들이 내 이름을 부르리니 내가 들을 것이며 나는 말하기를 이는 내 백성
이라 할 것이요 그들은 말하기를 여호와는 내 하나님이시라 하리라

마음의 문을 열며

"인생은 지뢰밭이다"라는 말이 있습니다. 발을 내딛는 곳곳에 삶을 위태롭
게 하는 커다란 위험이 도사리고 있음을 뜻합니다. 맘몬주의가 득세하는 이
땅은 그리스도인에게 지뢰밭입니다. 눈에 보이고 발길에 닿는 것들마다 에
덴동산의 뱀의 유혹처럼 우리 마음을 끌어당기며, 우리의 심령을 오염시키
는 것들로 넘쳐나고 있습니다. 조금만 눈을 떠 주변을 살펴보면, 우상숭배,
음란함, 가증함, 죄악 된 풍속, 망령된 사상들이 먹음직도 하고 보암직도 하
게 반짝이며 믿는 자들의 마음을 흔들고 있습니다.

　"그러므로 깨어 있으라"는 말씀(마 24:42)은 지금처럼 미혹의 시대를 살고
있는 그리스도인에게 주는 예수님의 경고입니다. 죄로 만연한 이 땅에서
깨어 있는 길은 "자기를 지켜 세속에 물들지 아니하는" 것이며(약 1:27), 이
것은 정결함으로 자신을 깨끗하게 할 때 누릴 수 있는 복입니다.

　어떻게 하면 죄의 본능에 휘둘리지 않고 정결함으로 자신을 지킬 수 있
을까요? 오늘 말씀 속에서 하나님이 그분의 자녀들에게 열어 주시는 정결
의 샘으로 들어가 몸을 씻음으로, "오직 너희를 부르신 거룩한 이처럼 너
희도 모든 행실에 거룩한 자가 되라"(벧전 1:15)는 말씀을 삶의 중추로 삼아
날마다 정결함의 옷을 입고 살기로 다짐하는 시간이 되기를 바랍니다.

말씀의 씨를 뿌리며

1 아담의 후예인 인간은 죄로 말미암아 창조주 하나님 앞에 가까이 나갈 수 없는 존재가 되었고, 죄의 족쇄에 매여 창살 없는 감옥생활을 하던 가련한 존재였으며, 죄의 파도에 난파되어 침몰한 상태였습니다. 이처럼 죄 때문에 영적으로 파산하여 사망으로 내어 쫓긴 인생을 위해 하나님께서 허락하신 구원의 길은 무엇입니까?

• 1절

• 겔 36:25

• 요일 1:7

2 죄인이 사는 길은 정결의 샘을 통하여 죄의 권세를 무력화하고 죄로 인한 더러움을 씻는 데 있습니다. 그러나 정결의 샘에 몸을 씻기 위해서는 자신이 어떤 죄의 옷을 입고 있는지를 먼저 깨달아야 합니다. 일종의 영적인 지피지기라고 할 수 있습니다. 당시 이스라엘 백성들은 지속적인 반역과 불순종으로 인해 죄의 더께는 날로 두터워지고 굳어졌습니다. 다음 구절에서 이 사실을 살펴보고, 본문에 나타난 이스라엘의 가장 큰 죄 두 가지를 말해보세요.

- 2-4절

- 렘 2:13

- 렘 17:1

3 구약에서 스가랴서는 이사야서와 더불어 메시아로 오실 예수님에 대해
가장 선명하게 예언합니다. 죄로부터 깨끗하게 되는 길이 정결의 샘에
몸을 씻는 것이라면, 정결의 샘을 열기 위해 하나님께서 행하신 일은
무엇입니까?(참고. 마 26:31)

- 7절

- 요일 4:10b

4 다음 글을 읽고 우리가 정결의 샘인 예수님의 보혈에 몸을 씻는다는 것이 일상의 삶에서 어떻게 나타나는지 묵상해보세요.

그리스도인들이 하나님을 대적하는 환난의 시기에 어떻게 살아남을 수 있을까요? 우리를 능히 살게 하는 것은 보혈의 능력입니다. 보혈을 통해 정결함을 회복하는 것만이 하나님을 대적하는 환난의 시기에 살아남는 길입니다. 그렇다면 예수님의 피가 어떻게 우리를 살게 합니까? 어떻게 해야 우리가 보혈의 능력으로 살아갈 수 있을까요?

마귀는 끊임없이 지치지 않고 우리의 문제, 잘못, 죄를 지적하고 정죄하며 참소합니다. 우리 힘으로는 감당할 수도, 견딜 수도 없습니다. 그런데 요한계시록 12장 11절은 "우리 형제들이 어린 양의 피와 자기들이 증언하는 말씀으로써 그를 이겼으니"라고 말씀합니다. 예수님의 보혈이 우리를 이기게 하고 살게 하는 것입니다.

그러므로 우리가 해야 할 일은 우리 인생의 문기둥과 우리에게 속한 모든 것의 경계선에 보혈의 피를 바르고, 보혈의 경계선 밖으로 나가지 않는 것입니다. 예수님의 보혈에는 우리를 보호하고 변호하는 능력이 있습니다. 히브리서 12장 24절은 "아벨의 피보다 더 나은 것을 말하는 뿌린 피"라고 말씀합니다. 아벨의 피가 하나님께 부르짖을 때에도 하나님께서 역사하셨다면, 자신의 아들이신 예수님의 보혈이 하나님께 부르짖을 때 하나님께서 얼마나 더 강력하게 역사하시겠습니까?

5 세상이 주는 즐거움은 지친 여행자에게 주는 한 모금의 냉수에 불과합니다. 금방 갈증으로 물을 찾을 수밖에 없습니다. 반면에 보혈로 씻음을 받은 우리는 맑은 물이 넘쳐흐르는 시냇물에 몸을 씻으며 온전한 회복의 즐거움, 하나님이 주시는 기쁨을 충만하게 누릴 수 있습니다. 어떻게 해야 세상에 중독된 우리의 심령을 정결함으로 채울 수 있을까요? 다음 구절을 참고하면서 당신의 생각과 실천할 사항을 나눠보세요.(참고. 요일 1:9, 엡 5:26, 벧전 1:22)

....

....

....

삶의 열매를 거두며

예수님을 믿는 우리가 정결해야 하고 또 정결함을 회복해야 하는 이유가 있습니다. 정결함은 '우리가 거룩하신 하나님의 자녀라는 증거', '거룩하신 그리스도를 사랑한다는 증거', '다른 사람에게 선을 행하는 존재라는 증거', '성도가 이 땅에서 천국을 준비하는 증거'이기 때문입니다. 그러나 인간의 노력으로는 하나님이 원하시는 수준의 정결함에 결코 도달할 수 없습니다. 우리의 가장 깨끗한 것조차 하나님의 성결의 빛에 비추면 더러운 걸레 조각에 지나지 않기 때문입니다. 하루를 시작하고 마무리하며 보혈의 샘에 몸을 담그는 것만이 정결함의 해답입니다. 세상을 향하려는 세속적 중력을 끊어내고 날마다 정결함의 옷을 입을 수 있도록 성령님의 도우심을 구하는 기도를 드립시다.

왕의 귀환

스가랴 14:1-11

1 여호와의 날이 이르리라 그날에 네 재물이 약탈되어 네 가운데에서 나누이리라

2 내가 이방 나라들을 모아 예루살렘과 싸우게 하리니 성읍이 함락되며 가옥이 약탈되며 부녀가 욕을 당하며 성읍 백성이 절반이나 사로잡혀 가려니와 남은 백성은 성읍에서 끊어지지 아니하리라

3 그 때에 여호와께서 나가사 그 이방 나라들을 치시되 이왕의 전쟁 날에 싸운 것 같이 하시리라

4 그날에 그의 발이 예루살렘 앞 곧 동쪽 감람 산에 서실 것이요 감람 산은 그 한 가운데가 동서로 갈라져 매우 큰 골짜기가 되어서 산 절반은 북으로, 절반은 남으로 옮기고

5 그 산 골짜기는 아셀까지 이를지라 너희가 그 산 골짜기로 도망하되 유다 왕 웃시야 때에 지진을 피하여 도망하던 것 같이 하리라 나의 하나님 여호와께서 임하실 것이요 모든 거룩한 자들이 주와 함께 하리라

6 그날에는 빛이 없겠고 광명한 것들이 떠날 것이라

7 여호와께서 아시는 한 날이 있으리니 낮도 아니요 밤도 아니라 어두워 갈 때에 빛이 있으리로다

8 그날에 생수가 예루살렘에서 솟아나서 절반은 동해로, 절반은 서해로 흐를 것이라 여름에도 겨울에도 그러하리라

9 여호와께서 천하의 왕이 되시리니 그날에는 여호와께서 홀로 한 분이실 것이요 그의 이름이 홀로 하나이실 것이라

10 온 땅이 아라바 같이 되되 게바에서 예루살렘 남쪽 림몬까지 이를 것이며 예루살렘이 높이 들려 그 본처에 있으리니 베냐민 문에서부터 첫 문 자리와 성 모퉁이 문까지 또 하나넬 망대에서부터 왕의 포도주 짜는 곳까지라

11 사람이 그 가운데에 살며 다시는 저주가 있지 아니하리니 예루살렘이 평안히 서리로다

마음의 문을 열며

"내가 너희에게로 돌아가리라"는 하나님의 말씀으로 시작한 스가랴서는, 오늘 마지막 장에서 "천하의 왕"으로 귀환하시는 하나님의 우주적 영광을 보여 줍니다.

우리의 일상은 즐거운 시간과 힘겨운 시간이 씨줄과 날줄처럼 엮여 있습니다. 어쩌면 버거움과 어려움, 고통스러움이 훨씬 더 많을지 모릅니다. 그러나 현재 지나가는 삶이 어떠하든지 그리스도인으로서 영적인 칠전팔기의 기개(氣槪)로 살기 위해서 가장 필요한 것은 스가랴의 눈입니다. 사단의 세력을 철장으로 깨뜨리며 천하의 왕으로 귀환하시는 하나님께 시선을 고정할 수만 있다면 우리 인생사의 크고 작은 일들이 정리될 것입니다.

오늘 말씀을 통해 천하의 왕이신 하나님만을 바라보는 영적인 시력을 회복함으로, 바울처럼 어떤 상황과 처지에서도 복음을 위해 거침없이 나아가는 거룩한 자긍심과 사라처럼 불가능한 상황에서도 '나를 웃게 하시는' 은혜를 한껏 누리는 시간이 되기를 바랍니다.

말씀의 씨를 뿌리며

1 성경 전체를 관통하는 진리가 있습니다. 말세에는 반드시 고통 하는 때가 온다는 것입니다. 이 고통은 하나님을 떠남으로 받는 것이요, 하나님을 대적함으로 오는 것입니다. 예외가 없습니다. 이스라엘조차도 하나님을 반역하면 징계를 받습니다(1-2절). 그러나 하나님은 종말에 반드시 악의 권세를 엄히 심판하시고 그분의 친백성을 구원하십니다. 하나님께서 어떻게 악을 대적하고 그분의 자녀를 구하십니까?

• 3절

• 신 3:22

• 계 18:5-6

2 심판의 그날은 악인에게는 진노의 날이요 멸망의 날, 심히 크고 두려운 날이지만, 하나님의 친백성에게는 구원의 날이요 무엇보다 새 창조의 놀라운 반전이 시작되는 날입니다. 다음 구절에서 이 사실을 확인해보고, 새 창조의 빛이 비춰질 때 어떤 일들이 일어나는지 말해보세요.

• 6-7절

- 8절

- 사 60:19-21

3 악을 심판하시고, 새 창조의 대반전을 이루신 여호와 하나님은 태초부터 천하의 유일한 왕이십니다. 그러나 인간의 타락으로 인해 하나님을 왕으로 인정하지 않는 세상은, 하나님의 왕 되심을 어떻게 하든지 숨기려고 발악(發惡)했습니다. 때가 차매 하나님은 모든 악을 심판하고, 사탄의 머리를 짓밟으시며 우주적인 통치와 왕권을 선포하셨습니다. 천하의 왕이 오실 때 이 세상에는 어떤 일이 일어나게 됩니까?

- 10-11절

- 시 2:9-10

4 세상은 타락 이후로 지금까지 하나님과 교회를 조롱하고 있습니다. 그러나 예수님이 우주의 왕으로 다시 오시는 그날, 세상의 모든 비웃음은 한 순간에 제거될 것입니다. 다음 글을 읽고 이 사실을 묵상해보세요.

오늘날 세상은 갈수록 교회를 비웃고 기독교를 조롱하는 경향을 보이고 있습니다. 교회나 기독교에 대해서 조롱하는 세상의 모습은 태생적이기도 합니다. 예수님께서 공생애를 시작할 때에 이미 마귀는 예수님을 조롱했습니다. "네가 하나님의 아들이라면" 누구보다도 마귀는 예수님이 하나님의 아들임을 잘 알고 있습니다. 그럼에도 이렇게 말한 것은 예수님을 조롱하고 시험하기 위해서입니다. 예수님께서 공생애 사역을 마치는 마지막 순간까지 마귀의 조롱은 계속되었습니다. 로마 병사들은 예수님을 못 박기 전에 가시관을 씌우고 희롱했습니다. 마태복음 27장 31절은 "희롱을 다한 후"라고 표현하며, 예수님이 로마 병사들로부터 적지 않은 시간 동안 수치와 조롱을 당했음을 보여줍니다.

베드로후서 3장 3절은 "먼저 이것을 알지니 말세에 조롱하는 자들이 와서 자기의 정욕을 따라 행하며 조롱하여"라고 말씀합니다. 마귀의 세력은 한동안은 더 세상을 활보하면서 교회와 기독교를 비웃으며 조롱의 화살을 쏠 것입니다. 그러나 우리가 두려워하지 말아야 할 이유는 악의 세력들은 이미 마지막 숨을 거두고 있는 중이기 때문입니다.

고린도전서 15장 51절은 "마지막 나팔에 순식간에 홀연히 다 변화되리니"라고 말씀합니다. 지금 교회와 기독교를 향한 세상의 모든 조롱과 비웃음도 왕 되신 예수님이 오시는 그때 순식간에 제거될 것입니다. 예수님이 만왕의 왕으로 재림하실 때 일어날 일은 단지 미래의 사건만을 말하지 않습니다. 지금 예수님을 만왕의 왕으로 모시는 자들 앞에서는 세상의 조롱은 그 힘을 잃을 것입니다.

5 그리스도인은 미래의 축복을 현재로 끌어당겨 사는 사람입니다. 우리가 현재 당하는 상황과 환경의 어려움은 천하의 왕으로 귀환하실 예수님께 시선을 돌릴 때 해결될 수 있습니다. 어떻게 하면 어려울 때조차 인간적인 방법이나 술수를 쓰지 않고, 우주의 통치자이신 주님을 바라보며 살 수 있을까요? 지금 당신의 삶에서 우주의 왕 되신 하나님을 바라보지 못하게 하는 것들은 무엇인지 살펴보세요. 그리고 어떤 경우에도 욥처럼 하나님을 절대 신뢰하겠다는 결심을 나눠보세요.(참고. 욥 13:15)

....

....

....

....

삶의 열매를 거두며

마귀는 오늘도 세상의 거리를 활보하면서 주님의 몸 된 교회와 성도를 비웃으며 조롱의 화살을 쏘고 있습니다. 그러나 천하의 왕이 되시는 하나님께서 친히 우리를 위해 대신 싸워 주시고, 세상의 모든 반역하는 것들을 철장 권세로 깨뜨리실 것입니다. 이것을 믿고 매일의 삶에서 어두움이 빛으로, 메마름이 생수의 풍성함으로 변화하는 새 창조의 대반전을 경험할 수 있도록 성령님의 도우심을 구하는 기도를 드립시다.

내 인생의 초막절

스가랴 14:12-21

12 예루살렘을 친 모든 백성에게 여호와께서 내리실 재앙은 이러하니 곧 섰을 때에 그들의 살이 썩으며 그들의 눈동자가 눈구멍 속에서 썩으며 그들의 혀가 입 속에서 썩을 것이요

13 그 날에 여호와께서 그들을 크게 요란하게 하시리니 피차 손으로 붙잡으며 피차 손을 들어 칠 것이며

14 유다도 예루살렘에서 싸우리니 이 때에 사방에 있는 이방 나라들의 보화 곧 금은과 의복이 심히 많이 모여질 것이요

15 또 말과 노새와 낙타와 나귀와 그 진에 있는 모든 가축에게 미칠 재앙도 그 재앙과 같으리라

16 예루살렘을 치러 왔던 이방 나라들 중에 남은 자가 해마다 올라와서 그 왕 만군의 여호와께 경배하며 초막절을 지킬 것이라

17 땅에 있는 족속들 중에 그 왕 만군의 여호와께 경배하러 예루살렘에 올라오지 아니하는 자들에게는 비를 내리지 아니하실 것인즉

18 만일 애굽 족속이 올라오지 아니할 때에는 비 내림이 있지 아니하리니 여호와께서 초막절을 지키러 올라오지 아니하는 이방 나라들의 사람을 치시는 재앙을 그에게 내리실 것이라

19 애굽 사람이나 이방 나라 사람이나 초막절을 지키러 올라오지 아니하는 자가 받을 벌이 그러하니라

20 그 날에는 말 방울에까지 여호와께 성결이라 기록될 것이라 여호와의 전에 있

는 모든 솥이 제단 앞 주발과 다름이 없을 것이니

21 예루살렘과 유다의 모든 솥이 만군의 여호와의 성물이 될 것인즉 제사 드리는 자가 와서 이 솥을 가져다가 그것으로 고기를 삶으리라 그 날에는 만군의 여호와의 전에 가나안 사람이 다시 있지 아니하리라

마음의 문을 열며

스가랴는 오랜 포로 생활에서 벗어나 마침내 꿈에 그리던 예루살렘으로 돌아왔습니다. 그러나 눈에 보이는 것은 무너진 성전과 절망스러운 현실이었습니다. 함께 귀환한 동족들은 참담한 상황 앞에 낙담했습니다.

스가랴는 이들을 일으켜 세우고 다시금 하나님 앞에 거룩한 백성으로 회복시키시는 말씀을 전합니다. 그는 적당하게 선지자 노릇에 안주하며 살 수 있었지만, 자기 백성을 일으키시는 하나님의 애끓는 심정에 눈을 떠 "포물절의 사명자"가 되었습니다. 받은 사명을 절대로 포기하지 않고 거친 현실 앞에 결코 물러서지 않으며, 참담한 상황에도 절망하지 않는 불굴의 사명자 말입니다.

동족을 살리기 위해 말씀으로 분투(奮鬪)하는 스가랴의 모습에는 무신론과 온갖 우상으로 치닫는 세상으로부터 가정과 이웃을 구하려는 참 그리스도인의 얼굴이 투영되어 있습니다.

오늘 말씀을 통해 광야 같은 삶에서 우리를 인도하시는 초막절의 은혜를 심령에 새김으로, 나도 살고 이웃도 살리는 거룩한 성전으로 무장되는 시간이 되기를 바랍니다.

말씀의 씨를 뿌리며

1 이스라엘의 교만과 우상숭배를 벌하시기 위해 이방 나라를 사용하신 하나님께서는 이제 이방 나라들의 교만과 죄악을 엄히 심판하십니다. 이스라엘을 대적했던 민족들이 받을 무서운 재앙은 무엇입니까?

- 12절

....

....

- 13절

....

....

- 15절

....

....

2 본문에서 하나님의 심판은 초막절을 지키느냐 그렇지 않느냐로 결정되었습니다. 초막절을 지키지 않는 자가 받는 심판은 무엇입니까? 초막절을 심판의 기준을 삼는 이유는 무엇인지 다음 구절을 읽고 대답해보세요.

- 17-19절

....

....

....

- 레 23:43

....

....

- 신 16:13-15

....

....

....

....

3 초막절은 하나님이 과거 애굽에서 노예살이하던 이스라엘을 구원하시고 광야에서 보호하신 것을 기억하고, 이른 비와 늦은 비를 따라 풍성한 수확으로 채워주신 하나님께 감사를 드리는 절기입니다. 초막절의 궁극적인 은혜는 성전의 완벽한 회복으로 나타납니다. 구체적으로 성전이 어떻게 회복되는지 찾아보고, 이것이 그리스도인의 삶에서 의미하는 바를 말해보세요.

- 20-21절

....

- 출 19:6

....

....

- 벧전 1:15

....

....

....

4 스가랴서는 메시아를 대망하는 예언서입니다. 다음 글을 읽고 스가랴서의 각 장에서 예수 그리스도가 어떻게 나타나 있는지 살펴보고, 이것이 내 삶에 어떻게 적용되는지 묵상해보세요.

> 1장에서는 '화석류나무 사이에 붉은 말을 타고 서신 예수님', 2장에서는 '측량줄을 잡으시고 성곽 없는 성읍을 약속하신 예수님', 3장에서는 '더러운 죄악의 옷을 입은 우리에게 깨끗한 예복을 입혀 주시는 예수님', 4장에서는 '무한한 힘과 성령의 능력을 공급해 주시는 예수님', 5장에서는 '날아가는 두루마리와 에바로 죄악을 청산하시는 예수님', 6장에서는 '영광의 면류관을 쓰신 예수님', 7장에서는 '너희의 금식이 누구를 위해 하는 금식이냐고 문책하고 도전하시는 예수님', 8장에서는 '거룩한 질투로 우리에게 회복을 주시는 예수님', 9장에서는 '우리를 왕관의 보석같이 만들어 주시는 겸손한 왕이신 예수님', 10장에서는 '우리에게 봄비의 축복을 주시고 참된 복을 주시는 예수님', 11장에서는 '우리의 참 목자이신 예수님', 12장에서는 '이 땅에 재림하시는 예수님', 13장에서는 '우리에게 정결의 샘을 주시는 예수님', 14장에서는 '천하의 왕으로 오셔서 우리 삶의 모든 영역을 통치하시는 예수님'을 말씀하고 있습니다.
>
>   이렇게 각 장마다 예수 그리스도를 말씀하십니다. 이를 통해 우리는 내가 원하는 그리스도가 아니라 성경이 말씀하신 그리스도, 스가랴가 예언한 그리스도를 진실로 다시 바라보아야 합니다.

5 스가랴서의 주제는 어떤 상황, 어떤 경우에도 "하나님께로 돌아오면 회복된다"입니다. 하나님께 돌아가는 것은 선하신 하나님이 광야 같은 인생길에서 자기 백성을 밤낮 불기둥과 구름 기둥으로 보호하시고, 하늘의 만나로 먹이시며 인도하신 것을 기억하고 감사하는 초막절의 은혜를 심령에 새기는 것에서 시작합니다. 초막절의 은혜로 산다는 것은 내 삶의 "말방울까지 여호와께 성결"이 되는 삶을 사는 것입니다. 지금 당신에게서 하나님께 반역하는 '가나안의 영역'은 없는지 돌아보세요. 그리고 성결의 회복과 실천을 다짐하는 기도문을 만들고 함께 나눠보세요.

삶의 열매를 거두며

스가랴서는 여호와의 전에 있는 모든 것이 성결하게 되는 것으로 마무리됩니다. 이 예언은 500여 년 후 예수님이 성전을 깨끗이 하실 때 그대로 이루어집니다(막 11:15). 성경의 모든 말씀은 일점일획도 결코 없어지지 아니하고 그대로 성취될 것입니다. 정말 중요한 것은 이 예언의 말씀과 약속의 말씀이 내 삶에 능력과 축복으로 역사하는 것입니다. 내 삶의 말방울까지 정결해지도록, 세상의 거친 폭풍우 속에서도 흔들리지 않고 변함없이 주님 한 분만으로 만족하며, 간절하고 뜨겁게 지사충성하도록 성령님의 도우심을 구하는 기도를 드립시다.

국제제자훈련원은 건강한 교회를 꿈꾸는 목회의 동반자로서 제자 삼는 사역을 중심으로
성경적 목회 모델을 제시함으로 세계 교회를 섬기는 전문 사역 기관입니다.

오정현 다락방 시리즈 15

그리스도로 살아나다 스가랴

초판 1쇄 발행 2022년 8월 27일
초판 4쇄 발행 2023년 3월 29일

지은이 오정현

펴낸이 박주성
펴낸곳 국제제자훈련원
등록번호 제2013-000170호(2013년 9월 25일)
주소 서울시 서초구 효령로68길 98(서초동)
전화 02)3489-4300 **팩스** 02)3489-4329
이메일 dmipress@sarang.org

저작권자 © 오정현, 2022, *Printed in Korea*
이 책은 저작권법에 의해 보호를 받는 저작물이므로 저자와 출판사의 허락 없이
내용의 일부를 인용하거나 발췌하는 것을 금합니다.

표지 이미지 Shutterstock

ISBN 978-89-5731-857-7 04230